Kochbilderbuch für weibliche Lebenskunst

Kochbilderbuch für weibliche Lebenskunst

gemalt und erzählt von

Lena Vandrey

Christel Göttert Verlag

Rüsselsheim 1998

Lektorat: Katja van de Rakt

Gestaltung: Christine Traiser, Rüsselsheim

ISBN 3-922499-33-3

Vorwort

„Kochst Du ein Kompott mit bunten Früchten, so bist Du Künstlerin (...). Alles Schreiben geht durch Brand und Brennen, durch Lachen und Wind und Meer. Und wenn kein Meer da ist, so gibt es die Idee.“ [1]

Aus der über Jahrhunderte Frauen auferlegten Fron wird nun eine von Frauen frei gewählte Kür.
Das Kochen *à la Lena Vandrey* versteht sich als eine neu aufzufassende *fröhliche Wissenschaft*: Die *Kulinarik* - ein von ihr geprägter Neologismus - ist die Kochkunst der *Fronde*-Amazonen, die sich den Absolutismus der gekrönten Koch-Kohlköpfe nicht gefallen lassen.

Dieses Manifest will eine ungehorsame, rebellische, ja ketzerische Frei- und Neuinterpretation der allzusehr patriarchalisch geprägten Kochreligion kundgeben.

Fast alle Küchenszenen spielen sich auf der Bühne der matriarchalisch besetzten Provençe ab, unter dem vor dreißig Jahren frei gewählten Exilhimmel der Lena Vandrey.

Sie liefert ihre nach Gespür erprobten, empirisch getesteten Küchentips, denn es geht ihr darum, den Erwachsenen Mädchen, die wir alle sind, mit Gefühl und Liebe unsere archaisch verankerte Überlieferung zu vermitteln, um sie zurückzuerobern und uns zugute kommen zu lassen.

Die lateinische Etymologie gibt Lena Vandrey vollkommen recht. Kochen=*Coquere* bezeichnet gleichzeitig das Verwandeln jeglicher Nahrung in Verzehrbares, das Brennen und Schmelzen und weiter das Meditieren und Reifen lassen.
Und gerade so entsteht die Magie der Kochalchemie: Aus den einfachsten, bescheidensten Ingredienzien sprudeln die tollsten Ideen, und die köstlichste Speise kommt in der unvoreingenommensten Zubereitung erst recht zur Geltung.

Möchten die Erwachsenen Mädchen eine humorvoll-entspannte Eßkultur entwickeln, dann haben sie hier das richtige Koch-Breviar gefunden: Es enthält das kostbarste Gewürz, worüber paradoxerweise großzügig, ja verschwenderisch verfügt werden darf, nämlich die Liebe, die besonders bei Erwachsenen Mädchen Gold im Mund hat...
„Denn nur Liebe ist Kultur.“ [2]

M N-H

[1] Lena Vandrey, Paradigmen der unbequemen Schönheit, Bremen: Zeichen und Spuren 1986, S. 114.

[2] Ebd., S. 115.

Bebildertes Kochbuch für erwachsene Mädchen

Erwachsene Mädchen verfügen über sich selbst! Und darüber hinaus über Fingerspitzengefühl, mehrere Nasen, das absolute Gaumenglück und technische Gewieftheit. Ihr erstes Projekt ist, sich selbst auf *tüchtige Saucen* zu dressieren, denn selbige sind das A und O des Kochens von Lena Vandrey.

Bebildertes Kochbuch für Erwachsene Mädchen!

Erwachsene Mädchen verfügen (über sich selbst!) und darüber hinaus über Fingerspitzengefühl, mehrere Nasen, das absolute Gaumenglück und technische Genießerei. Ihr erstes Projekt ist, sich selbst auf tüchtige Saucen zu dressieren, denn selbige sind das A und O des Kochens von

Lena Vandrey

Die Saucen

Klassische Senfsoße

Das Erwachsene Mädchen beschafft sich eine Schüssel, *Dijon*-Senf und Olivenöl, klackst zwei große Löffel Senf in die Schüssel und verrührt mit einer Holzgabel das langsam tropfende Öl mit dem Senf, auf daß entstehe eine dicke sämige *Pomade*.
Diese Creme alleine wirft sie auf Rohkost und Salate, auch auf gekochtes Gemüse, auf Kartoffeln, Weizen und Nudelspeisen und Reis.

Die erste große Tat der Kochkunst ist vollbracht!
Brava!

Das Erwachsene Mädchen
beschafft sich eine Schüssel,
Dijon-Senf u. Olivenöl,
klackst 2 große Löffel Senf
in die Schüssel und verrührt
mit einer Holzgabel das lang-
sam tropfende Öl mit dem
Senf – auf daß entstehe
eine dicke, sämige Pommade.
Diese Creme alleine wirft sie
auf Rohkost und Salate,
auch auf gekochtes Gemüse,
auf Kartoffeln, Weizen und
Nudelnspeise u. Reis.
Die erste große Tat der
Küche ist vollbracht!

Brava!

Klassische Senfsoße, vielseitig

Denn für Erwachsene Mädchen heißt es Brava! Und nicht Bravo. (Dies gilt für Knaben)

In diese *brave* Soße gebt Ihr feingehackte Gewürzgurken, Kapern, frische und trockene Kräuter, Eier, Tomatenmus, Roquefort oder anderen Käse, Sauerrahm, Joghurt, Crème fraîche oder Sardellen.
Petersilie ist das absolute Kraut: entfernt Nikotin aus dem Körper, paßt zu allen anderen.
Basilikum soll alleine sein.
Dill paßt nur zu Dill.
Es handelt sich um Musik, um Notengewächse. Wenn dem Erwachsenen Mädchen jedoch bei einer Mischung das Wasser im Mund zusammenläuft, so ist diese richtig!

Denn für Erwachsene
Mädchen heißt es:
Brava!
und nicht Bravo. (Dies gilt
für Knaben!)
In diese brave Soße gebt Ihr
feingehackte Gewürzgurken,
Kapern, frische und trockene
Kräuter, Eier, Tomatenmus,
Roquefort oder anderen Käse,
Sauerrahm, Yoghurt, Crème
fraîche oder Sardellen.
Petersilie ist das absolute
Kraut; entfernt Nikotin aus
dem Kopf, paßt zu allen
anderen. Basilik soll alleine
sein. Dill paßt nur zu Dill
es handelt sich um Musik,
um Notengewächse. Wenn
dem E. M. jedoch bei einer
Mischung das Wasser im Mund
zusammenläuft, so ist diese
richtig!

Sardellen (Anchovis) - Soße

Eine freundliche, praktische Sache ist die Sardellen (Anchovis) - Soße:
1 Glas Sardellen in Öl (Öl wegwerfen!)
1 Glas frisches Olivenöl

In einer tiefen Pfanne die Sardellen mit dem Öl leicht verrühren und schmelzen lassen: Die *Präparation* darf nicht kochen! Sowie die Anchovis geschmolzen sind, abschalten.
Das Ganze in einen irdenen oder gläsernen Topf geben. Kühl stellen. Eignet sich für alles Gemüse, Fisch und Geflügel.
Besonders gut zu Staudensellerie, Tomaten, Kichererbsen.

Eine freundliche praktische Sache ist die Sardellen (Anchovis) Sauße:

1 glas Sardellen in Öl (Öl wegwerfen!)

1 glas frisches Olivenöl

In einer heißen Pfanne die Sardellen mit dem Öl leicht verrühren und schmelzen lassen; die Präparation darf nicht kochen!! Sowie die Anchovis geschmolzen sind – abschalten. Das ganze in einen irdenen oder gläsernen Topf geben. Kühl stellen.

Eignet sich für alles Gemüse, Fisch u. Geflügel.

Besonders gut zu Staudensellerie, Tomaten, Kichererbsen.

Aurora-Soße

Aurora ist ein spanischer Mädchen-Vorname und bedeutet „Morgendämmerung“.
Man nehme - denn „man“ ist ein Neutrum, gehört also allen, selbst wenn Mensch von „männisch“ kommt! - Man/Frau/Weib nehme:
1 Topf Crème fraîche oder Sauerrahm, Rahm, Quark
1 Pfund geschälte Tomaten, Salz und viel Pfeffer, vermische diese Ingredienzien aufs Innigste, püriere sie eventuell.

Eine sehr feine Soße für Reiz-Reis mit Kräutern oder zu Weißbrot reizend, auch gerne neben Bratkartoffeln und Kartoffelpuffern und auf Grünzeug.

Aurosa-Soße

Aurosa ist ein spanischer Mädchen-Vorname und bedeutet Morgendämmerung.

Man nehme, denn "man" ist kein Neutrum, gehört also allen, selbst wenn Mensch vom männisch kommt! Man/frau/weib nehme: 1 Topf Crème fraîche oder Sauer-rahm Rahm oder Quark, 1 Ds geschälte Tomaten, Salz und viel Pfeffer, vermische diese Ingredienzien aufs Innigste, püriere sie eventuell. Eine sehr feine Soße für Reiz-Reis mit Kräutern oder zum Weißbrot reizend, auch gerne neben Bratkartoffeln und Kartoffel)puffern! und auf Grünzeug!

Tomatencreme mit Peperoni (Piperade) oder ohne

1 Pfund geschälte Tomaten, 2 Peperoni, Salz, Zucker, Pfeffer nach Belieben und Empfinden, Olivenöl, 12 geschälte Knoblauchzehen.
Diese Zehe heißt in der provençalischen Küche eine *Gousse*=Lesbe, wohl weil sie so eng aneinanderliegen!!
Das Ganze in einer tiefen Pfanne leise köcheln lassen, oft umrühren und je nach Gefühl den Deckel heben oder wieder zudecken. Kräuter nach Belieben, wie Thymian, Rosmarin, Salbei, feingehackte Schalotten, im Kochprozeß addieren.
Frische Kräuter und etwas Öl erst ganz am Ende hinzufügen. Kann püriert oder so wie es ist gegessen werden und paßt zu Weizen (*Bulgur*), Reis, Kartoffeln, allen Gemüsesorten, Fisch und Geflügel.

Tomatencreme mit Pepperoni oder Olive ~ .

1 kg geschälte Tomaten, 2 Pepperoni, Salz, Zucker, Pfeffer nach Belieben u. Empfinden, Olivenöl 12 geschälte Knoblauchzehen. Diese Zehe heißt in der provenzalischen Küche eine 'Gousse' = Lesbe, wohl weil sie so eng aneinander-liegen!

Das Ganze in einer tiefen Pfanne leise köcheln lassen, oft umrühren und je nach Gefühl den Deckel abheben oder wieder zudecken. Kräuter nach Belieben wie Thymian, Rosmarin, Salbei, feingehackte Schalotten im Kochprozeß addieren. Frische Kräuter u. etwas Öl erst ganz am Ende hinzufügen. Kann püriert oder so wie es ist gegessen werden und paßt zu Weizen (Boulgour), Reis, Kartoffeln allen Gemüsen, Fisch u. Geflügel.

Knoblauchzehen im Hemd

20-30 Knoblauchzehen ungeschält in eine flache Kasserolle (Topf) geben, zusammen mit feingehackten Schalotten und 3 Eßl. Öl.
Leicht anbräunen lassen.
Mit etwas Rotwein weiter leicht köcheln lassen.
2 Glas Wasser hinzufügen und den Topf bedecken.
Nach 20 Minuten mit etwas Mehl sämiger machen, Salz, Pfeffer und Kräuter hinzufügen und zu Weißbrot und Salat verzehren.

Mit mehr Wasser ergibt diese Soße die berühmte Suppe *Aigue Bolido* (gekochtes Wasser), welche auf ein Stück Weißbrot gegossen für sich selbst ein sehr gutes Essen ist.
Alle Soßen lassen sich auf Suppen ausdehnen und pürieren.

Für Mädchen, welche das „Hemd" nicht essen wollen: Das Rezept gilt auch ohne Hemd.

Knoblauchzehen im Hemd

20-30 Knoblauchzehen ungeschält in eine flache Casserolle (Topf) geben zusammen mit feingehackten Schalotten und 3 EL Öl. Leicht anbräunen lassen. Mit etwas Rotwein weiter leicht köcheln lassen. 2 Gläser Wasser hinzufügen und den Topf bedecken. Nach 20 min. mit etwas Mehl sämiger machen, Salz, Pfeffer u. Kräuter hinzufügen und zu Weißbrot und Salat verzehren. Mit mehr Wasser ergiebt diese Soße die berühmte Suppe Aigue-Bolido (gekochtes Wasser), welche auf ein Stück Weißbrot gegossen für sich selbst ein sehr gutes Essen ist.

Alle Soßen lassen sich auf Suppen ausdehnen mit Wasser und pürieren – für Mädchen, welche das "Hemd" nicht essen wollen! Das Rezept ist auch ohne Hemd.

Mittelcremige Ziegen- oder Schafskäse in eine feuerfeste Form geben und langsam schmelzen lassen, entweder im Ofen oder Wasserbad, welches *Bain-Marie* (Marienbad) genannt wird. Für mehr Geschmack können Roquefort oder andere stärkere Käse am Ende des Schmelzprozesses hinzugefügt werden.

Diese Soße auf zerhackte Kartoffeln geben und mit Petersilie bestreuen, plus feingehackte Schalotten.

Käsesoßen im Ofen

Käsesoßen im Ofen

Mittelcremige Ziegen- oder Schafskäse in eine feuerfeste Form geben und langsam schmelzen lassen, entweder im Ofen, oder Wasserbad, welches Bain-Marie (Marienbad) genannt wird. Für mehr Geschmack können Roquefort- oder andere stärkere Käse am Ende des Schmelzprozesses hinzugefügt werden. Diese Soße auf zerhackte Kartoffeln geben und mit Petersilie bestreuen, plus feingehackte Schalotten.

Gorgonzola-Soße

Der Gorgonzola-Käse ist, wie der Name es sagt, der Liebling der Gorgonen - und Zola war ein sozial engagierter Schriftsteller!

Gorgonzola geschmolzen ist ein prima fettarmer Ersatz für Rahm und Butter. Käse ist eine Art von noch unbegreiflicher Fabrik für sich selbst.

Auf die Gorgonen-Zola-Soße viel Thymian bröseln und zu Rosmarinkartoffeln reichen: ein Gedicht!

Gorgonzola-Soße

Der Gorgonzola-Käse ist, wie der Name es sagt, der Liebling der Gorgonen. (Und Zola war ein sozial engagierter Schriftsteller!) Gorgonzola geschmolzen ist ein prima fettarmer Ersatz für Rahm und Butter. Käse ist eine Art von noch unbegreiflicher Fabrik für sich selbst.
Auf die Gorgonzolasoße viel Thymian bröseln und zu Rosmarin-Kartoffeln reichen: ein Gedicht!

MARGA-HARA-SOSSE

Marga hat nichts mit Margarine, Hara nichts mit Harakiri zu tun.
Im Gedenken unserer maghrebinischen Schwestern von Übersee - wir leben alle auf den gleichen Bergen über dem gleichen Meer, ob provençalisch, ligurisch, iberisch, maghrebinisch - ihre und die Substanzen unserer Küche sind sich vertraut.

Öl, Zwiebeln, Knoblauch mit scharfem Pimento und Kümmel in Pfanne oder Topf leicht köcheln lassen. Salz und Pfeffer hinzugeben und mit Wasser und Zitronensaft abschmecken.
Zu hausgemachtem Brot (*Kesra*) oder hauchdünnen Buchweizenplinsen. Dazu eine Tomate.

Marga-Hara-Soße

Marga hat nichts mit Margarine,
Hara nichts mit Harakiri zu tun.
Im Gedenken an unsere magrebi-
nischen Schwestern von Übersee –
wir leben alle auf den gleichen
Bergen über dem gleichen Meer:
ob provençalisch-ligurisch-
iberisch-magrebinisch, unsere
und die Substanzen unsere Küche
sind sich verwandt.
Öl, Zwiebeln, Knoblauch mit
scharfem Pimiento und Kümmel
in Pfanne oder Topf leicht köcheln
lassen. Salz u. Pfeffer hinzugeben
und mit Wasser und Zitronensaft
abschmecken. Zu hausgemachtem
Brot (Kesra) oder hauchdünnen
Buchweizenplinsen. Dazu eine Tomate.

Eine vorzügliche Soße für Aperitive:
Schwarze oder grüne entkernte Oliven im Mörser oder Mixer pürieren.
Öl, das *extra vierge* (das extra jungfräuliche), Kapern, Anchovis und Parmesankäse hinzufügen.
Die Proportionen können von je 1/8 bis 1/4 gehen - das ist eine Geschmacksfrage.

Paßt zu Toastbrot, Setzeiern, Gemüse, Fisch und Geflügel. Hält sich, mit Öl bedeckt und gut verschlossen, mehrere Wochen.
Im gleichen Prinzip mit Basilikum verfahren.

Tapenade

Tapenade

Eine vorzügliche Soße für Aperitive: schwarze oder grüne entkernte Oliven im Mörser oder Mixer pürieren. Öl, das extra jungfräuliche, Kapern, Anchovis und Parmesankäse hinzufügen. Die Proportionen können von je 1/8 bis 1/4 gehen – das ist eine Geschmacksfrage. Paßt zu Toast-Brot, Spiegeleiern, Gemüse, Fisch und Geflügel. Hält sich mit Öl bedeckt und gut verschlossen mehrere Wochen. Im gleichen Prinzip mit Basilik verfahren.

Zwiebelsoße–Dokumenta

Die sehr gesunde Zwiebel steht ebenfalls als Betitelung einer gewissen Frauenliebe: Hast du diese Zwiebel da gesehen?? Wahrscheinlich, weil sie sich so oft häuten - für jede Liebschaft eine neue Haut haben - oder weil wir in der Beziehung mit ihr so oft weinen?

3 bis 4 verschiedene Zwiebelsorten plus Schalotten feinschneiden und in Öl dünsten, mit Rosinen und etwas Zucker und Weinessig.
Zum Schluß Zimt und Muskatnuß nach Belieben hinzufügen, Salz jedoch nicht vergessen.

Paßt zu Goudakäse wobei Gouda-*Goudou* im Französischen nun eben wiederum die gleichen Leute meint wie oben genannt!!

Zwiebelsoße Dokumenta

Die sehr-gesunde Zwiebel steht ebenfalls als Betitelung einer gewissen Frauen liebe: Hast du diese Zwiebel da gesehen?? Wahrscheinlich, weil sie sich so oft häuten – für jede Liebschaft eine neue Haut haben oder weil wir in der Beziehung mit ihr so oft weinen? :

3–4 verschiedene Zwiebelsorten plus Schalotten feinschneiden und in Öl dünsten mit Rosinen und etwas Zucker und Weinessig. Zum Schluß Zimt und Muskatnuß nach Belieben hinzufügen, Salz jedoch nicht vergessen.
Paßt zu Gonda-Käse, wobei Gonda – Gondon im französischen nun eben wiederum die gleichen Leute meint wie oben genannt!!

Pilzsoße

Die phallischen Pilzlein (nach Niki de Saint-Phalle, bedeutet „heiliger Phallus"), egal ob getrocknet, frisch oder in Dosen, küchenfertig in eine tiefe Pfanne geben, mit Olivenöl, Zwiebeln, Knoblauch, Salz, Pfeffer, Thymian, Petersilie.
Leise köcheln lassen, auf daß sie ihr Aroma entwickeln.
In einem Mixer oder einer *flotten Lotte* pürieren und Crème fraîche, Gorgonzola, etwas Roquefort hinzufügen, mit frischen oder trockenen Kräutern jeder Art (außer Dill!) garnieren und über Nudeln, Kartoffeln oder Weizen geben.

Vorzüglich zu Brot und Tomatensalat mit Schalotten.

Pilzsoße

Die phallischen Pilzlein (nach Niki de Saint-Phalle bedeutet heiliger Pilz!) egal ob getrocknet, frisch oder in Dosen, küchenfertig in eine tiefe Pfanne geben mit Olivenöl, Zwiebeln, Knoblauch, Salz, Pfeffer, Thymian, Petersilie. Leise köcheln lassen, auf daß sie ihr Aroma entwickeln. In einem Mixer oder einer „flotten Lotte" pürieren und Crème fraîche, Gorgonzola, etwas Roquefort hinzufügen, mit frischen oder trockenen Kräuter je'ker sot (außer Dill!) garnieren und über Nudeln, Kartoffeln oder Weizen geben. Vorzüglich zu Brot mit Tomatensalat und Schalotten.

Die Trüffelsoße

Trüffeln sind die Krönung der weiblichen Existenz, gewissermaßen der feminine oder feministische Pilz. Gehoben wird selbiger von Hündinnen oder Säuen oder angezeigt durch Fliegen... Das sind doch alles unsere Leute?!

Die Trüffeln sind heuer nicht mehr so teuer: Es gibt Trüffeljägerinnen in France und chinesische Trüffeln und Konserven diverser Art. Ob frisch oder eingemacht, die beste Art, dieses Gewächs zu verzehren, ist *à la bergère* (Hirtinnen-Art)

Schwarze Trüffeln in genügender Menge, plus einige weiße in Olivenöl geben, mit etwas Salz und weißem Pfeffer.
Kühl ausruhen lassen.
Dazu Ackersalat, Chicorée, rote Beete, Nüsse, Brot.
Das Olivenöl darf sogar ein wenig gefrieren. Ein Ziegen- oder Schafskäse zum Abrunden -
und das ist der Himmel auf Erden!

Die Trüffelsoße ....

Trüffeln sind die Krönung der weiblichen Existenz, gewissermaßen der feminine oder feministische Pilz. Gehoben wird selbiger von Hündinnen oder Säuen oder angezeigt durch Fliegen .... das sind doch alles unsere Leute!? Die Trüffeln sind heuer nicht mehr so teuer; es gibt Trüffel-Jägerinnen in Franken und chinesische Trüffeln und Konserven diverser Art. Ob frisch oder eingemacht, die beste Art, dieses Gewächs zu verzehren, ist!!

à la Bergère (Hirtinnen-Art)

2 – ∞ schwarze Trüffeln + einige weiße in Olivenöl geben mit etwas Salz u. weißem Pfeffer. Kühl ausruhen lassen. Dazu Ackersalat, Chicorée, rote Beete, Nüsse, Brot. Das Olivenöl darf sogar ein wenig gefrieren. Ein Ziegen- oder Schafskäse zum Abrunden – und das ist der Himmel auf Erden!

ERNSTE GERICHTE

Gerichte

Ernste

Tortilla

Als erstes Ernsthaftes, Deftiges: das Omelett, auf spanisch *Tortilla*, daher die *Tortillera*, was wiederum eine weibliche Person bezeichnet, die ihresgleichen gerne hat - Warum? Weil zwei Teile sich berühren ohne sperrig zu sein, oder waren früher alle Amazonen blond und rahmig?

Man/Weib nehme:
6 - 8 Eier, schlage sie zusammen mit Salz, Pfeffer, etwas Rahm und kalten Butterflöckchen und gebe die Mischung in heiße Butter.
Langsam annehmen lassen und zärtlich mit Holzlöffeln umschlagen. Vom Feuer nehmen, wenn noch etwas feucht-flüssig.
Petersilie, Schalotten, Tomatensalat.

Varianten: Beinahe alle genannten Soßen in die Eiermasse geben oder Reibekäse und Putenschinken.

Ernste Gerichte

Als erstes ernsthaftes, deftiges
das Omelett, auf spanisch
Tortillera, was wiederum
eine weibliche Person bezeichnet,
die ihresgleichen gerne hat –
warum? Weil zwei Teile
sich berühren ohne spießig
zu sein, oder waren früher alle
Amazonen blond und rahmig?
Man/weib nehme: 6-8 Eier
schlage sie zusammen mit Salz,
Pfeffer, etwas Rahm und kalten
Butterflöckchen und gebe die
Mischung in heiße Butter.
Langsam anziehen lassen u.
zärtlich mit Holzlöffeln um-
schlagen. Vom Feuer nehmen wenn
noch etwas feucht – flüssig.
Petersilie, Schalotten, Tomatensalat.
Varianten: beinahe alle genannten
Soßen in die Ei-masse geben oder
Reibekäse u. Putenschinken.

Kartoffelbrei (1 kg)
4 frische Ziegenkäse
2 rahmige Käse
4 - 8 gekochte Knoblauchzehen
3 rohe Zehen, Salz, Pfeffer, Petersilie
zusammen zerstampfen und Olivenöl beigeben.

Die Masse soll geschmeidig sein, aber nicht in Öl baden!
Warm oder lauwarm essen oder in eine *Terrine* geben und kalt stellen. Später in Scheiben schneiden und zu Tomaten und Salat reichen. Auch unsere *Piperade-Soße* paßt gut dazu.

Ein uraltes Rezept der Provençalinnen, welches sie noch mit Bergbohnenkraut (*Sarriette*) bestreuen.

Die Kascha

Die Kascha

Kartoffelbrei (1 kg), 4 frische Ziegenkäse, 2 rässige Käse, 4–8 gekochte Knoblauchzehen, 3 rohe Zehen, Salz, Pfeffer, Petersilie zusammen zerstampfen und Olivenöl beigeben. Die Masse soll geschmeidig sein, aber nicht in Öl baden! Warm oder lauwarm essen oder in eine Terrine geben und kalt stellen. Später in Scheiben schneiden und zu Tomaten u. Salat reichen. Auch unsere Piperadensoße paßt gut dazu. Ein uraltes Rezept der Provenzalinnen, welches sie noch mit Bergbohnenkraut (Sarriette) bestreuen.

Auberginen-Geschmelz

Die Aubergine, ein Nachtschattengewächs, ist ebenfalls ein guter Fleischersatz.
Man/Weib nehme 6 - 8 mittlere Auberginen und schneide sie in fingerdicke Scheiben, bestreue sie mit Salz und lasse sie eine halbe Stunde ihren Saft verlieren.
In einer flachen Kasserolle 10 grobgehackte Knoblauchzehen, Öl, die abgetrockneten Auberginen mit etwas Pfeffer, Zimt und Zitronensaft sanft verrühren
und schmelzen lassen. Beim Topf bleiben auf kleinster Flamme.
Nach und nach grobgewürfelten halbtrockenen Ziegenkäse hinzugeben und verrühren. Abschmecken in puncto Zimt und Zitrone, Öl.

Die Mischung kann warm oder kalt verzehrt werden, mit Brot und Kartoffeln.

Auberginen - geschmelz

Die Aubergine, ein Nachtschatten-gewächs, ist ebenfalls ein guter Fleischersatz. Man - weiß - nehme 6 - 8 mittlere Auberginen und schneide sie in fingerdicke Scheiben, bestreue sie mit Salz und lasse sie eine halbe Stunde ihren Saft verlieren. In einer flachen Kasserolle 10 grobgehackte Knoblauchzehen, Öl, die abgetrockneten Auberginen mit etwas Pfeffer, Zimt und Zitronensaft sanft verrühren und schmelzen lassen. Beim Topf bleiben auf kleinster Flamme. Nach und nach grobgewürfelten halbtrockenen Ziegenkäse hinzugeben und verrühren. Abschmecken in Punkto Zimt u. Zitrone, Öl. Die Mischung kann warm oder kalt verzehrt werden, mit Brot oder Kartoffeln.

Ratatouille

Die Ratatouille ist der letzte Ausweg der Provençalin, und ihr Name verheißt nichts Gutes, so etwas wie ein liebloses Allerlei.
Jedoch können Erwachsene Mädchen daraus etwas Feines machen, wie folgt:
Du nimmst: 3 Auberginen, 2 Zucchini, 2 Peperoni, 3 Zwiebeln, 1 Kopf Knoblauch und brätst jede Art erst einmal für sich an.
Öl abtropfen lassen und alle Zutaten zusammen in einer Kasserolle mit Rosmarin, Thymian, etwas Salz und Pfeffer leise köcheln lassen; wenn nötig, ein Glas Wasser dazu geben.
Nach Garzeit die Flüssigkeit abgießen, ein paar Tomaten, frische Schalotten, Basilikum und etwas Öl hinzufügen.
Dazu passen frische Nudeln, Gnocchis oder Brot.
Püriert durch die *flotte Lotte* und in den Ofen mit Parmesan heißt der Auflauf *Böhmerin*. Dazu etwas Kartoffelbrei und grüner Salat.
Alle Verzweiflung ist weg!

Ratatouille

Die Ratatouille ist der letzte Ausweg der Provenzalin und ihr Name verheißt nichts gutes, so etwas wie ein liebloses Allerlei. Jedoch können Erwachsene Mädchen daraus etwas ganz feines machen – wie folgt: Du nimmst: 3 Auberginen, 2 Zucchini's, 2 Pepperoni's, 3 Zwiebeln, 1 Kopf Knoblauch und brätst jede Art erstmal für sich an. Öl abtropfen lassen und alle Zutaten zusammen in eine Kasserolle mit Rosmarin u. Thymian etwas Salz u. Pfeffer. Leise köcheln lassen, wenn nötig ein Glas Wasser. Nach Garzeit das Wasser abgießen ein paar Tomaten, frische Schalotten, Basilik und etwas Öl hinzufügen. Dazu passen frische Nudeln, Gnocchi's oder Brot. Passiert durch die flotte Lotte und in den Ofen mit Parmesan heißt der Auflauf "Böhmerin". Dazu etwas Kartoffelbrei und grüner Salat. Alle Verzweiflung ist weg!

Gebratene Chicorée (*Endivien*)

Die geputzten Endivien zusammen mit ganzen Schalotten in eine Pfanne oder einen tiefen Topf mit Glasdeckel in heißes Öl geben und stark anbraten. Drehen und wenden, damit eine gute Bräunung entsteht, dann leise köcheln lassen. Salz, Pfeffer, Thymian oder Rosmarin hinzugeben.
Nach Garzeit Gorgonzola oder Roquefort und Crème fraîche hinzufügen.
Die Chicorée badet jetzt in einer hellbraunen Soße und paßt zu parfümiertem Reis.
Viel Petersilie, Schalotten und Tomaten, Salat, Weißbrot.

Auf die gleiche Art kann mit Pilzen verfahren werden, mit Zwiebeln und Knoblauch.

Die Pfannengerichte haben den Vorteil, daß eine Pfanne auch eine Waffe ist - wie die meisten Küchengegenstände, was Erwachsenen Mädchen durchaus bewußt ist!!

Gebratene Chirocrée (Endivien)

Die geputzten Endivien zusammen mit ganzen Schalotten in eine Pfanne oder tiefen Topf mit Glasdeckel in heißes Öl geben und stark anbraten. Drehen u. wenden, damit eine gute Bräunung entsteht, dann leise köcheln lassen. Salz, Pfeffer, Thymian oder Rosmarin hinzugeben. Nach Garzeit Gorgonzola oder Roquefort und Crème fraîche hinzugeben. Die Chicorée badet jetzt in einer hellbraunen Soße und paßt zu parfümiertem Reis. Viel Petersilie/Schalotten u. Tomatensalat, Weißbrot.

Auf die gleiche Art kann mit Pilzen verfahren werden, mit Zwiebeln, mit Knoblauch. Die Pfannengerichte haben den Vorteil, daß eine Pfanne auch eine Waffe ist – wie die meisten Küchengegenstände, was erwachsenen Mädchen durchaus bewußt ist!!

Kuß-Kuß

Dieses freundliche Essen unserer arabischen
Schwestern macht sich im Handumdrehen:
a.- Kichererbsen, Backpflaumen, Rosinen einweichen
b.- Kußkußkörner im Dampfbad mit etwas Butter garen
c.- in einem Topf mit Öl folgendes versammeln und
anbraten:
Zwiebeln, Knoblauch, Sellerie, Peperoni, Möhren, Erbsen
und Bohnen, Tomaten, Tomatenmark, scharfen Pimento,
Kümmel, *Ras-el-Hanut* (Gewürz) mit Wasser bedecken.
Backpflaumen, Kichererbsen und Rosinen hinzufügen.
Leise eine Stunde kochen.
Wer mag, reicht Perlhuhn oder Pute dazu.

Die Kußkußkörner mit Rosinen auf einen Teller geben,
die Soße drumherum - und sonst gar nichts!

Kuß-Kuß

Dieses freundliche Essen unserer arabischen Schwestern macht sich im Handumdrehen:

a) Kichererbsen, Backpflaumen und Rosinen einweichen.

b) Kuß-Kuß Körner im Dampfbad mit etwas Butter garen

c) in einem Topf mit Öl folgendes versammeln und anbraten: Zwiebeln, Knoblauch, Sellerie, Pepperoni, Möhren, Erbsen und Bohnen, Tomaten, Tomatenmark, scharfer Pimiento, Kümmel, Rasselhannut (Gewürz) mit Wasser bedecken. Backpflaumen hinzufügen, Kichererbsen und Rosinen. Leise 1 Stunde kochen. Wer mag fügt Perlhuhn oder Pute hinzu. Die Kußkuß-Körner mit Rosinen auf einen Teller geben, die Soße drumherum – und sonst gar nichts!

Die gleiche Präparation (ohne Huhn, Pute oder Ente) wird auf dem Teller serviert, zusammen mit frischem Schafs- oder Ziegenquark und einer Scheibe Wassermelone. Dazu feingehackte Pfefferminzblätter.

SommerKußkuß

Sommerkußkauß

Die gleiche Präparation (ohne Huhn, Pute oder Ente) wird auf dem Teller serviert zusammen mit frischem Schafs- oder Ziegenquark und einer großen Scheibe Wassermelone. Dazu feingehackte Pfefferminzblätter.

Perlhuhn à la *Teufelin*

Eines Tages haben wir uns entschieden (Entscheidung heißt, sich aus der Scheide zu ziehen), keine Säugetiere mehr zu essen. Welche Erwachsenen Mädchen entschließen, Fisch und Geflügel zu essen, und welche nicht, das ist gewiß eine soziologische Frage, oder besser soziologisch eine Gewissensfrage. Der goldene Mittelweg bedeutet:

hin und wieder und selten und nur sehr gut.

Das Perlhuhn in 6 Stücke schneiden (aus den Resten eine Reissuppe kochen) und in einer Marinade von Senf und Tomatensoße mit viel Thymian wälzen.

Bis zum Abend kühl stellen.

Wenn möglich, auf Rosmarin grillen, sonst in einem tiefen Topf mit Öl und Crème fraîche langsam und leise garen.

Dazu Weizen, Reis oder Nudeln.

Schmeckt, als ob Dir die Tauben in den Mund flögen...

Polhuhn à la Teufelin

Eines Tages haben wir uns entschieden (Entscheidung heißt – sich aus der Scheide zu ziehen!!) keine Säugetiere mehr zu essen. Welche Erwachsenen Mädchen entschließen Fisch u. Geflügel zu essen – und welche nicht, das ist gewiß eine soziologische Frage, oder besser soziologisch eine Gewissensfrage. Der goldene Mittelweg bedeutet: hin u. wieder, und selten und nur sehr gut.

Das Polhuhn in 6 Stücke schneiden (aus den Resten eine Reissuppe kochen) und in einer Marinade von Senf und Tomatensauce mit viel Thymian wälzen. Bis zum Abend kalt stellen. Wenn möglich auf Rosmarin grillen, sonst in einem tiefen Topf mit Öl u. Crème fraîche langsam u. leise garen. Dazu weißen Reis oder Nudeln. Schmeckt als ob Dir die Tauben in den Mund fliegen.....

Fisch und Meeresfrüchte in Pfannen

Es heißt, daß die Amazonen auch die ersten Seefahrerinnen waren, und so können wir uns Pfannen *à l'Amazone* vorstellen.
Jakobsmuscheln, Miesmuscheln, Krabben, Langustinen in Zitronenbutter mit Schalotten und Petersilie leise garen.
In einen Reiskranz geben oder nur mit Weißbrot tunken oder zu dem jüdischen *Mazzenbrot* (einer Art Knäckebrot von den Wikingerinnen, welches eine schöne, runde Form hat und, wie die Sonne, die weibliche Unendlichkeit symbolisiert).
A-mazzen stammt von den Amazonen ab. Sie hatten keine Zeit und buken das Brot unter dem Sattel, ohne Hefe und Gärung!

Fisch und Meeresfrüchte in Pfannen.

Es heißt, daß die Amazonen auch die Ersten Seefahrerinnen waren und so können wir uns Pfannen à l'amazone vorstellen: Jacobsmuscheln, Miesmuscheln, Krabben, Langustinen in Zitronenbutter mit Schalotten u. Petersilie leise garen. In einem Reiskranz geben oder nur mit Weißbrot tunken oder zu dem jüdischen Mazzen Brot (eine Art Knäckebrot von den Wikingerinnen) d. Mazzen stammt von den Amazonen ab, sie hatten keine Zeit und kochten das Brot unter dem Sattel, ohne Hefe!

Das Omelett von Eiern

Eine Seltsamkeit aus der romanischen Küche:
Ein flaches Omelett wird fabriziert von 10 bis 20 Eiern.
In diesen Pfannkuchen hinein kommen Rühreier, harte
Eier, weiche Eier, Spiegeleier, Setzeier, Eier in Gelee,
Kräutereier, Mimosa-Eier, Käse- und Schinkenrühreier.
Dann wird der Fladen zugeklappt wie eine Tasche, in eine
Terrine gegeben und scheibenweise als Pastete gegessen, welche auf dem Teller einen schönen bunten
Eindruck macht, wie ein impressionistisches Bild.
Darüber wird Tomatensoße, grüne Soße und Tapenade
gegeben, mit viel Brot!
Das Mimosa-Ei (nach der erstblühenden Februarpflanze
genannt) ist eine geraspelte Trennung von weiß und gelb,
sehr günstig für Erwachsene Mädchen,
welche ja dieses nicht essen und jenes doch.
Jeder das Ihre!!
Grünen Salat nicht vergessen!

Das Omelett von Eiern

Eine Seltsamkeit aus der romanisch-schweizerischen Küche: Ein flaches Omelett wird fabriziert von mindestens 20 Eiern. In diesen Pfannkuchen hinein kommen Rühreier, harte Eier, weiche Eier, Setzeier und Mimosa Eier. dann wird die Sache zugeklappt, in eine Terrine gegeben und scheibenweise als Pastete gegessen. Darüber Tomaten- oder grüne Soße - Sauce - Sauße! und viel Brot. Das Mimosa-Ei (nach der gelbblühenden Pflanze genannt) ist eine geraspelte Trennung von Weiß und Gelb. sehr günstig für Erwachsene Mädchen, welche ja dieses nicht essen und jenes doch. Jeder das ihre!! Grünen Salat nicht vergessen!

Die Sultanin fällt um…

Der Name der Rosine *Sultanine* kommt von der Sultanin. Ob es wohl noch welche gibt?
6 Auberginen in fingerdicke Scheiben zerschneiden, salzen, schwitzen lassen und abtupfen.
Dann in der Pfanne braten und auf Küchenkrepp ihr Fett verlieren lassen.
Inzwischen Mandeln und Sesamkörner rösten, eine *Béchamel* und eine Tomatensoße vorbereiten und in einer feuerfesten Ofenform schichtweise (die obere Schicht wird dann Parmesan) die Auberginen, Béchamel, Mandeln, Tomatensoße, Sesam aufbauen.
In den Ofen geben, bis der Parmesan goldgelb ist.
Der Sultanin Deines Herzens anbieten und sie auffangen, wenn sie umfällt.

Nota bene: Es dürfen Sultaninen *und* Rosinen *und* Pinienkerne dabei sein. Auch Zimt und Muskat.
Aber ALLES nur nach Gefühl!
Nicht nach Kochbuch!

Die Sultanin fällt um....

Der Name der Rosine "Sultanine" kommt von der ... Sultanin. Ob es wohl noch welche gibt? Wir zerschneiden 6 Auberginen in fingerdicke Scheiben, salzen und abtröpfeln lassen, dann in der Pfanne braten u. auf Küchenkrepp ihr Fett entziehen lassen. Inzwischen Mandeln und Sesamkörner rösten, eine Bechamel u. eine Tomatensauce vorbereiten und in ein Ofengefäß schichtweise (die obere Schicht wird dann Parmesan) die Auberginen, Bechamel, Mandeln, Tomatensauße, Sesam usw. aufbauen. In den Ofen geben bis der Parmesan goldgelb ist. Der Sultanin Deines Herzens anbieten und sie auffangen, wenn sie umfällt.

Nota Bene: Es dürfen Rosinen und Sultaninen und Pinienkerne dabei sein. Auch Zimt u. Muskat. Aber ALLES nur nach Gefühl. Nicht nach Kochbuch!

Ein spätsommerliches Festessen, gerade bevor der Basilikum, auch *Pistou* genannt, uns *Au revoir* sagt. Rote, gelbe, weiße, braune und grüne Hülsenfrüchte am Vortag getrennt einweichen, zwei Handvoll pro Sorte. Grüne Brechbohnen, kleine Suppennudeln und kleine Kartoffelwürfel in gleicher Menge vorbereiten. Alles zusammen in einen Topf geben, mit Salzwasser bedecken und langsam garen lassen.
Wenn nötig, Wasser nachfüllen, damit keine *Pampe* entsteht.
Inzwischen den Pistou (großblättrig) grob hacken und tüchtige Händevoll auf den Boden einer Suppenschüssel geben.
Eine *Aïoli* (Senf-Knoblauch-Mayonnaise) zubereiten und auf die Blätter legen. Die Suppe kochend heiß in die Schüssel geben, etwas Reibekäse, Toastbrot, Tomatensalat, und das Fest beginnt.
Und dann eine Siesta...

BOHNENEINTOPF *PISTOU*

Bohneneintopf Pistou

Ein spätsommerliches Festessen, gerade bevor der Basilik, Pesto auch Pistou uns au-revoir sagt. Rote, gelbe, weiße, braune und grüne Hülsenfrüchte am Vortag getrennt einweichen, 2 handvoll pro Sorte. Grüne Brechbohne vorbereiten, kleine Suppennudeln und kleine Kartoffelstücke. Es soll von allem gleichmäßig viel in den Topf kommen. Mit etwas Salz zu Feuer geben und langsam garen lassen. Wenn nötig Wasser nachfüllen, damit keine Pampe entsteht. Inzwischen den Pisto (grasblättrig) grob hacken und tüchtige Händevoll auf den Boden der Suppenschüssel geben. Ein Aioli (Senf, Eier, Knoblauch, Mayonnaise) zubereiten und auf die Blätter legen. Die Suppe kochend heiß in die Schüssel geben, etwas Reibekäse, Toast-Brot, Tomatensalat, und das Fest beginnt. Und dann eine Siesta.......

Sauerkraut mit Haddock und Schillerlocke

Die Schillerlocke stammt bekanntlich von ihrer Erfinderin Frau von Schiller (!) ab, welche sich hinter einer Fassade der *züchtigen Hausfrau* verbarg, was auch heute noch eine Menge Leute tun!! Die Maske ist erprobt!

In einem schweren ovalen Topf Butter und/oder etwas Entenfett zusammen mit Zwiebeln erhitzen.
1 oder 2 Pfund Sauerkraut, 2 Lorbeerblätter und 20 Wacholderbeeren hinzufügen.
Das Kraut muß langsam Farbe annehmen und blondieren. Mit Weißwein löschen und köcheln lassen.
Pellkartoffeln der kleinen Sorte *Ratten* kochen, pellen, kurz in Butter schwenken.
Den Räucherfisch Haddock und die Schillerin-Lockin leicht in Milch garen. Das fertige Kraut mit Ratten umranden, etwas Schalotten und Petersilie zur Dekoration darüber streuen und den Fisch oben aufs Kraut dressieren, wie weiland die Würste...!
Und danach höchstens noch Kochbuch lesen und gute, gute Nacht!

Sauerkraut mit Haddock und Schillerlocke

Die Schillerlocke stammt bekanntlich
von ihrer Erfinderin, Frau von Schiller!
ab, welche sich hinter einer Fassade
der "züchtigen Hausfrau" verbarg, was
auch heute noch eine Menge Leute
tun!! Die Maske ist exprobt!
In einem schweren ovalen Topf Butter
u. oder etwas Entenfett zusammen
mit Zwiebeln erhitzen. 1 oder 2 ℔
rohes Sauerkraut hinzufügen, 2 Lor-
beerblätter und 20 Wacholderbeeren
Das Kraut muß langsam annehmen
und blondieren. Löschen mit Weiß-
wein und köcheln lassen. "Ratten"
Pellkartoffeln der kleinen Sorte "Ratten"
kochen pellen kurz in Butter schwenken
Den Räucherfisch Haddock und die
Schillerin-Locken leicht in Milch
garen. Das fertige Kraut mit Ratten
umranden, etwas Schalotten u. Petersilie
zum Aussehen und den Fisch oben
aufs Kraut dressieren, wie weiland
die Fürsten! Und danach tüchtig
noch Kochbuch lesen und gute,
gute Nacht!

Nizzaer Salat

Die *Niçoise* (Nizzaerin) eignet sich patent für Erwachsene Mädchen, welche pressiert sind, doch abends noch Amazonen zu Tische bitten.
In einer großen Glas- oder Plastikschüssel versammeln sich - immer per Handvoll - grüne Bohnen, Pell-Ratten, etwas Reis, Tomatenscheiben, Zucchini (roh oder gekocht), grüner Salat, Endivien, Kichererbsen und Peperoni-*Filets*.
In die Mitte Thunfischkrümel dressieren und mit weichen Eiern umranden, welche mit Sardellen und schwarzen Oliven dekoriert werden.
Petersilie und die erste klassische Senfsoße runden diese Köstlichkeit ab.
Dazu reichen wir diverse Käse und Weißbrot.
Die Zutaten können alle am Vorabend zubereitet werden, jedoch in getrennter Aufbewahrung, und werden erst bei Tisch mit Schalotte und Kräutern bestreut.

Nizzaer Salat

Die "Nicoise" (Nizzaerin) eignet sich patent für Erwachsene Mädchen, welche pressiert sind und doch abends noch Amazonen zu Tische bitten. In einer großen Glas- oder Plastikschüssel versammeln sich (immer per handvoll) grüne Bohnen, Pell-Kartoffeln, etwas Reis, Tomatenscheiben, Zucchinis (roh oder gekocht) grüner Salat, Endivien, Kichererbsen und Pepperoni-Filets. In die Mitte Thunfischkrümel dressieren und mit weichen Eiern umranden, welche mit Sardellen und schwarzen Oliven dekoriert werden. Petersilie und die 1. klassische Senfsoße runden diese Köstlichkeit ab. Dazu reichen wir diverse Käse und Weißbrot. Die Zutaten können alle am Vorabend zubereitet werden jedoch in getrennter Aufbewahrung und werden erst bei Tisch mit Schalotten und Kräutern bestreut.

Krämerinnen führen ihren Laden und müssen trotzdem mittags an die Küchen-Kandare. Deshalb dieses Rezept, um ihnen zu helfen:
In einen flachen breiten Topf Öl geben und grob geraspelte Zwiebeln und Knoblauch anbräunen lassen.
1 kg feste Kartoffeln in kleine Würfel schneiden, Wasser darüber gießen, salzen, pfeffern, mit etwas Rosmarin oder einer Kräutermischung bestreuen.
Leise köcheln lassen.
Kurz vor dem Auftischen fein gehackte Schalotten, Tomatenwürfel und Petersilie beimischen.
Eine gekochte Sellerieknolle in dicke Scheiben schneiden und in Zwiebelbutter *à la Beef* rösten.
Dazu grüner Salat mit weißen Pariser Champignons und Zitronensaft!

Hanne Darbovens Kartoffelragout *à la Krämerin*

Hanne Darboven's Kartoffelragout à la Krämerin

Krämerinnen führen ihren Laden und müssen trotzdem mittags an die Küchen-Kandare. Deshalb dieses Rezept um ihnen zu helfen: In einen flachen breiten Topf Öl geben und grob geraspelte Zwiebeln und Knoblauch andünsten lassen. 1 kg feste Kartoffeln in kleine Würfel schneiden und mit Wasser darüber gießen, salzen, pfeffern, etwas Rosmarin oder Kräutermischung. Leise köcheln lassen. Kurz vor dem Auftischen etwas Olivenöl und feingehackte Schalotten, Tomatenwürfel und Petersilie beimischen. Eine gekochte Sellerie-Knolle in dicke Scheiben schneiden und in Zwiebelbutter à la Bif rösten. Dazu grüner Salat mit weißen Pariser Zuchtpilzen und Zitronensaft!

Hirtinnenpolenta Jeanne

Wenn die Hirtin nicht gerade auf dem Felde hütet oder hebammenamtlich Lämmlein ins Leben ruft, kocht sie aus Maisgrieß und Wasser eine Pampe, welche sehr fest sein und an der Oberfläche vesuvartige knallende Löcher zeigen muß.

Das Kratermus erkaltet wird in daumendicke Scheiben geschnitten und in Öl leicht gebraten.

Darüber Tomatensoße und frisches Zwiebelgrün mit Salat.

Als Pfiff und Witz dazu Maiskörner und bunte Peperoni-Filets: Was kost' die Welt?

Diese Art von Essen beinahe gar nichts.

Es versteht sich, daß darauf ein tüchtiges Stück Käse kommt, gewälzt in Kräuterasche und für Nimmersattinnen darf es getrost ein flaches Kräuteromelett dazu geben!!

Hirtinnenpolenta Jeanne

Wenn die Hirtin nicht gerade auf dem Felde hütend oder heb-ammenamtlich Lämmlein ins Leben ruft, kocht sie aus Mais-grieß und Wasser eine Pampe, welche sehr fest sein muß und an der Oberfläche vesuvartige, knallende Löcher zeigen. Das Kratermuus erkaltet wird in daumendicke Scheiben geschnitten und in Öl leicht gebraten. Darüber Tomatensoße und frisches Zwiebelgrün mit Salat; als Pfiff und Witz dazu Maiskörner und bunte Pepperoni-Filets. Was kost' die Welt? Diese ist von Essen beinahe gar nicht. Es versteht sich, daß darauf ein tüchtiges Stück Käse kommt, gewälzt in Kräuterasche, und für Nimmersattinnen darf es getrost ein flaches Omelett daraufgeben...!!

Walpurgis Halloween ist eine Lady und von ihr stammt, daß wir uns dauernd mit *Hallo* anreden, also alle den gleichen Vornamen haben: Dein Name ist Hallo! Hallo Du? Na? Der Nachname ist also Duna!

Dunas Kürbiscreme wie folgt:
1 oder mehreren Kürbissen den Deckel absägen und mit scharfen Löffeln das reife Fruchtfleisch aushöhlen. In eine Kasserolle mit angebratenen Zwiebeln weichkochende Kartoffeln, Salz, Pfeffer und Wasser geben, sanft garen lassen, überflüssiges Wasser abgießen, mit Crème fraîche verfeinern, einen großen Klacks in die Mitte schmeißen und in dem natürlichen Kürbistopf servieren.
Gegrillte Sesamkörner und frisches Zwiebelgrün, Toastbrot und Tomatensalat mit Roquefort runden die Sache ab.

Nanu!! KÜRBISCREME À LA WALPURGIS - *HALLOWEEN*

Kürbiscreme à la Walpurgis Halloween

Walpurgis Halloween ist eine Lady und von ihr stammt, daß wir uns dauernd mit Hallo anreden, also alle den gleichen Vornamen haben: Hallo Du? Na? Der Nachname ist also Duna! Dunas Kürbiscreme wie folgt: 1 oder mehreren Kürbissen den Deckel absägen und mit scharfen Löffeln das reife Fruchtfleisch aushöhlen. In eine Casserolle mit angebratenen Zwiebeln, weichkochenden Kartoffeln, Salz und Pfeffer u. Wasser geben, sanft garen lassen, überflüssiges Wasser abgießen. Mit Creme fraiche verfeinern einen großen Klacks in die Mitte schmeißen und in dem natürlichen Kürbistopf servieren. Gegrillte Sesamkörner und frisches Zwiebelgrün, Toastbrot und Tomatensalat mit Roquefort runden die Sache ab.

Kohlaufläufe

Kohl soll sehr gesund sein, ich meine das doppelzüngig, aber nicht anzüglich...
Kleine Kohlköpfe von Broccoli in Salzwasser garen lassen und sofort in Eiswasser duschen.
Eine Käsebéchamel vorbereiten und den Auflauf mit Parmesan in den Ofen geben.
Das gleiche Prinzip gilt für Rosenkohl- und Blumenkohlröschen. Eiswasser und Zitronensaft fürs gute Aussehen.
Variante: Alle drei Kohlsorten (jede für sich!) in Zitronen-Zwiebel-Butter schwenken, in eine Ofenform geben, mit Tomatenwürfeln, Kräutern und Parmesan kurz erhitzen, dazu Weißbrot.

Für *Entrées* (Vorspeisen) können sowohl Rotkohl als Weißkohl als Möhren in salzig-süßem Zitronenöl marinieren, und als Beilagen passen Reis, Weizen, Kartoffeln oder Nudeln *à la Chinoise*!

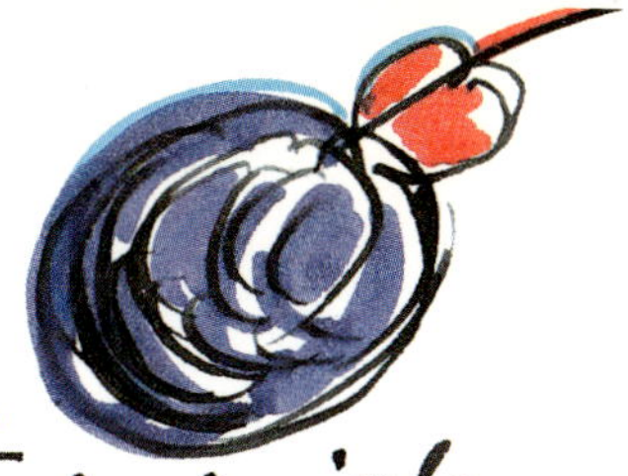

Kohlaufläufe

Kohl soll sehr gesund sein; ich meine das doppelzüngig, aber nicht anzüglich.
Kleine Kohlköpfe von Broccoli in Salzwasser garen und sofort in Eiswasser duschen. Eine Käsebechamel bereiten und den Auflauf mit Parmesan in den Ofen geben. Das gleiche Prinzip gilt für Rosenkohl und Blumenkohlröschen. Eiswasser u. Zitronensaft für's gute Aussehen.
Variante: Alle drei Kohlsorten (jede für sich!) in Zitronen-Zwiebel-Butter schwenken, in eine Ofenform geben, mit Tomaten mischen, Kräutern und Parmesan kurz erhitzen, dazu Weißbrot!
Für Entrées (hors d'oeuvres) können sowohl Rotkohl als Weißkohl als Möhren in salzigem-süßen Zitronen-Öl marinieren, als Beilagen passen Reis, Weizen, Kartoffeln oder à la chinoise: Nudeln!

Aïoli

Ein Fest- und Tanzessen in der Provençe und so herzlich simpel:
Diverse Gemüsesorten wie Kartoffeln, Möhren, Sellerie, Fenchelknollen in Salzwasser garen lassen. Dazu frischen weißen Fisch (Kabeljau, Stockfisch) sieden lassen.
Alles abtropfen und auf einer großen Platte anrichten und mit weichgekochten Eiern, Petersilie und Schalotten garnieren.
In einer Schüssel aus Senf, Knoblauch, Olivenöl und einem Eigelb die Pomade Aïoli herstellen und dazu reichen. Oliven und Weißbrot gehören auch dazu.

Das Gericht kann warm oder auch kalt verzehrt werden.
Mit Zeit!!

Aioli

Ein Fest- und Tanz-Essen in der
Provence und so herzlich simpel:
Diverse Gemüse wie: Kartoffeln,
Möhren, Sellerie, Fenchelknollen
in Salzwasser garen. Dazu frischen
weißen Fisch (Kabeljau, Stockfisch)
sieden lassen. Alles abtropfen
und auf einer großen Platte
anrichten und mit weichgekochten
Eiern, Petersilie u. Schalotten garnieren.
In einer Schüssel aus Senf, Knoblauch
und Öl und Eigelb die Pommade
Aioli herstellen und dazureichen.
Oliven u. Weißbrot gehören auch dazu.
Das gericht kann warm oder auch
kalt verzehrt werden. Mit Zeit!

Brandade Nîmoise

Das Leibgericht der Amazonen aus Nîmes - von denen sehr viele Maurerinnen sind - ist ebenfalls von archaischer Schlichtheit:
1 kg gedünsteter Stockfisch, Morue
Olivenöl, Salz, Pfeffer und Rahm.

Weibliche Wesen werden in Nîmes als Morue betitelt, was die Wichtigkeit dieses Essens beweist.

Alle Zutaten im Mixer pürieren. Die Creme zusammen mit Pellkartoffeln in eine Ofenform geben und mit Oliven, Petersilie und Knoblauchcroûtons garnieren. Dazu grünen Salat mit Schalotten und einigen Tomaten servieren.
Der Typus der Nîmoiserin ist lateinisch und recht grob. Sie wird *Hommenasse* genannt, was bedeutet: *Männin*. Manche bauen aus Olivenkernen Häuser.
Aber ganz kleine...

Brandade Nîmoise

Das Leibgericht der Amazone aus Nîmes (von denen sehr viele Maurerinnen sind...) – ist ebenfalls von archaischer Schlichtheit: Ein Kilo gedünsteter Stockfisch (Morue: weil beide Wesen werden in Nîmes als Morue betitelt – was die Wichtigkeit dieses Essens beweist!) zusammen mit Öl von Oliven, Salz, Pfeffer und Rahm im Mixer pürieren. Die Creme zusammen mit Pellkartoffeln in eine Ofenform geben und mit Oliven, Petersilie und Knoblauch-Croutons garnieren. Dazu grüner Salat mit Schalotten und einigen Tomaten servieren.

Der Typus der Nîmoiserin ist lateinisch u. recht groß. Sie werden Hommenasse genannt was bedeutet Männin. Manche bauen aus Olivenkernen Häuser. Aber ganz kleine

Teigwaren

Alle möglichen Teigwaren gibt es fertig zu kaufen. Den Teig ausrollen, in eine Form geben und mit einer unserer Soßen bedecken, Ziegenkäse grob darüber raspeln und fertig ist die Chose.

Spinat kochen und gut auspressen, in Zwiebelsoße wälzen und mit Pinienkernen, Rosinen und Puderzucker auf das Blech. Mit Teig und Puderzucker bedecken, kurz backen. Kalt essen zu Tomaten.

Einen großen runden mittelfesten Schafskäse in Teigpelz schmelzen lassen und als salzige Torte essen. Praktisch alles, was sich außerhalb von Teig ißt, kann auch mit Teig gegessen werden.

Porree-Lauch in Béchamel mit Petersilie und etwas Putenschinken ergibt die berühmte *Quiche* aus Lothringen.
Sauerampfer mit Brennesseln und Zwiebeln in Rahm sind geradezu unerhört gesund.
Der Fantasie sind keine Grenzen gesetzt, was salzige Torten betrifft. Zum Verzieren können hübsche Muster eingeritzt werden, und mit einem Backpinsel wird die Torte entweder mit Wasser, flüssiger Butter oder Eigelb zum Bräunen gebracht.

Teigwaren

Alle möglichen Teigwaren gibt es fertig zu kaufen. Teig ausrollen, in eine Form geben und mit einer unserer Saucen bedecken, Ziegenkäse grob darüber raspeln und fertig ist die Chose.

Spinat kochen und gut auspressen, in Zwiebelsauce wälzen und mit Pinienkernen, Rosinen und Puderzucker auf das Blech. Mit Teig u. Puderzucker bedecken, kurz backen – kalt essen zu Tomaten.

Einen großen runden mittelfesten Schafskäse in Teigpelz schmelzen lassen und als salzige Torte essen. Praktisch alles, was sich außerhalb von Teig isst, kann auch mit Teig gegessen werden.

Porree-Lauch in Bechamel mit Petersilie u. etwas Butter zerrinken ergibt die berühmte Quiche aus Lothringen, und Sauerampfer mit Brennesseln und Zwiebeln in Rahm sind geradezu unerhört gesund. Der Fantasie sind keine Grenzen gesetzt, was salzige Torten betrifft.

etwas

UND DANN...

Anderes

Eine Käseprobe oder Opera

Fluxdiwups Salate und diverse Brotarten mit Tomaten auf einem Tisch arrangieren: Dieses Fest hängt nur vom Portemonnaie ab.
Kerzen und Käse auf Brettern oder Tellern inszenieren.
Käse aus aller Ladies Ländern. Da Käse den Magen schließt, wird die Sache gar nicht so teuer!
Kräuter in Gläsern präsentieren wie Blumen und Blumen, die eßbar sind - Calendula, Veilchen, Rosen - auf die Teller geben.
Empfehlenswert: ein wirklicher, echter Rohmilch-*Camembert* oder *Coulommiers* und *Brie de Meaux*, Appenzeller, Schafs- und Ziegenkäse, Tilsiter, Edamer, *Pyrenäen*, *Cantal* und Varianten von jeder Art.
Heiße Pellkartoffeln mit salziger Butter können - müssen aber nicht - dabei sein.
Dazu empfiehlt sich ein leichter *Bordeaux*-Landwein, rot und weiß, um die Verschiedenheit der Geschmäcker zu empfinden.

Bon Appétit!

Eine Käseprobe oder Oper.

Fluxdings Salate und diverse Brotarten mit Tomaten auf einem Tisch arrangieren; dieses Fest hängt nur vom Portmonnaie ab! Kerzen und Käse inszenieren auf Brettern oder Tellern, Käse aus aller Ladies Ländern. Da Käse den Magen schließt, wird die Sache gar nicht so teuer! Kräuter in Gläsern präsentieren wie Blumen und Blumen, die eßbar sind (Calendula, Veilchen, Rosen) auf die Teller geben. Empfehlenswert: ein wirklicher echter Romanitch Camembert oder Coulommiers u. Brie de Meaux, Appenzeller, Schaf u. Ziegenkäse, Tilsit, Edam, Pyrenäen und Varianten von jeder Art. Heiße Pellkartoffeln mit salziger Butter können – müssen aber nicht dabei sein.
Dazu empfiehlt sich ein leichter Bordeaux – Landwein, rot und weiß, um die Verschiedenheit der Geschmäcker zu empfinden.
Bon appetit!

Nachtische und Desserts

Sie bedeuten, daß der Tisch abgeräumt wird und etwas anderes erscheint.
Für die *Arlesianerin*, die Schöne mit den schönen Stoffen, auf die immer gewartet wird, die Unsichtbare, die niemals erscheint und trotzdem da ist..., für selbige heißt der feinste Nachtisch die *13 Desserts* nach dem Weihnachtsessen, welches mit Karpfen, *Kardonen* und Kapern frugal genug, ja spartanisch, eine Art von inniger Kommunion darstellt. Der *Mistral* pfeift über Berg und See, die alten Weinstöcke prasseln im Kamin. Auf schönen handgedruckten Stoffen stehen Schüsseln und Teller in gelb und grün und rot.
Das Dessert heißt 1 Apfel, 1 Rosine, 1 Mandel, 1 Feige, 1 Dattel, 1 Orange, 1 Pflaume, 1 Mandarine, 1 Nuß, 1 Haselnuß, Marzipan, Zuckerbrot, Quittenbrot. Jede Esserin (Mitesserin!) bekommt selbstverständlich alle 13 Desserts in ihren eigenen Teller. Nicht daß sich 13 Amazonen eine einzige Nuß teilen müßten!!!!!!!!!!!!!

Gewiß gibt es Varianten mit dem Dessert *Calisson*, einem Mandel-Melonenbrot, mit kandierten Früchten, Anis- und Fenchelkeksen und anderen Einfällen mehr. Aber an Weihnacht bleibt alles rührend sparsam.
Es wird nicht gepraßt!

Nachtische und Desserts

bedeuten, daß der Tisch abgeräumt wird, wohl etwas Anderes erscheint. Für die Arlesianerin, die schöne mit dem schönen Stoffen, auf die immer gewartet wird, die Nacht-bare, die niemals erscheint und trotzdem da ist .... für Selbige heißt der feinste Nachtisch die 13 desserts nach dem Weihnachts-essen, welches mit Karpfen, Kardon und Kapern frugal genug eine Art von heiliges Kommunion dar-stellt. Der Mistral pfeift über Weinstöcke Berg u. See die alten prasseln im Ofen, auf schönen handgedruckten Stoffen stehen irdene Schüsseln und Teller in gelb u. grün u. Rot. Das Dessert heißt: 1 Apfel, 1 Rosine, 1 Mandel, 1 Feige, 1 Dattel, 1 Orange, 1 Pflaume, 1 Mandarine, 1 Nuß, 1 Haselnuß, Marzipan, Zuckerbrot, Quittenbrot. Gewiß gibt es Varianten mit dem Dessert Calisson, einem Mandel-Melonenbrot und mit candierten Früchten, Anis und Fenchelkeksen und anderen Einfällen mehr: aber an Weihnacht bleibt alles: frugal, trocken, rührend. Es wird nicht geprasst!!!

Das Veilchen - auch Violette, daher der Name Viola - ist die erste der Blumen für Frauenleute unserer Art: Sie ist frühzeitig, blüht im Verborgenen, hat einen Squatterplatz im Pflanzen-Patriarchat - das Veilchen an der Mauer, das Mauerblümchen - und eine Farbe, die aus blau und rot etwas delikat-Unmögliches macht. Sie duftet, sie ist eßbar.

Die zarten Veilchen pflücken, in Mull binden, das Beutelchen an einen großen Holzlöffel hängen und leicht in kochendem Zuckersirup baden lassen:
3/4 Zucker, 1/4 Wasser.
Der Zuckersirup darf nicht *karamelisieren*, oder, noch schlimmer, schwarz werden.
Die Veilchen erkalten lassen, mit Puderzucker bestreuen und der Liebsten in die Lippen schieben.

Das gleiche Prinzip gilt für Melonenscheiben, nur ist die Schwenkzeit länger: für Veilchen 2-3 Minuten, für Melonen 5-10 Minuten.
Pfefferminzblätter können dieser Art konserviert werden, auch Salbei und Rosmarin.
Paßt seltsamerweise zu kleinen Röstkartoffeln!

Konfitüren Confits und Candidiettes von Blume u. Obst

Das Veilchen, auch Violette (davon der Name Viola) ist die Erste der Blumen für Frauenleute unserer Art: sie ist frühzeitig, blüht im Verborgenen, ehrgeizig ist von Squalterplatz im Pflanzen-Patriarchat und eine Farbe, die aus Blau u. Rot etwas delikat-unmögliches macht. Sie duftet – sie ist eßbar.

Die zarten Veilchen pflücken, in einen Müllbeutel geben, an einen großen Holzlöffel anbinden und den Müllbeutel leicht in kochendem Zuckersirup baden lassen: 3/4 Zucker, 1/4 Wasser. Der Zuckersirup darf nicht schwarz werden, karamelisieren. Die Veilchen erkalten lassen, mit Puderzucker bestreuen und dem Liebsten in die Lippen schieben. Das gleiche Prinzip gilt für Melonenscheiben, nur ist die Schwenkzeit länger. Für Veilchen 2-3 Minuten, für Melonen 5-10 Minuten. Pfefferminzblätter können also so konserviert werden, auch Salbei und Rosmarin. Paßt seltsamerweise zu kleinen Röstkartoffeln!

Ach, *Confits*!

Reife Melonen schälen, säubern, in Stücke schneiden und in einen breiten tiefen Topf geben, 15 Minuten garen lassen und den Saft abgießen. Das restliche Fruchtfleisch wiegen und mit mindestens genau soviel Zucker umrühren und köcheln lassen.
Etwas Vanillestange, Rosinen, zerbröckelte Walnüsse und Pinienkerne hinzufügen. 30 - 45 Minuten kochen. In Gläser füllen. Kandierte Veilchen und Minzblätter als Dekoration obendrauf. Mit Marmeladenfolie, heißem Paraffin abdecken oder die Schraubgläser umdrehen.

Das gleiche Prinzip gilt für Pfirsiche, Aprikosen, Feigen, Brombeeren.
Erdbeeren und Himbeeren können im 3-Minuten-Takt gemacht werden: 3x aufkochen und ruhen lassen.

Kastanien-Confit: Die Kastanien einritzen und kochen. Die zwei Häute schälen und die Frucht in der *flotten Lotte* zu Mehl pürieren. Einen Zuckersirup vorbereiten und das Mehl hineingeben, mit etwas Vanillestange. Die Masse heiß in die Töpfe geben und mit geschmolzener bitterer Schokolade als *Kuvertüre* bedecken.
Als Dessert die Maronencreme, diverse Konfitüren und Rahm präsentieren, eine gekochte Birne, geröstete Mandeln und ein *Himbeercoulis* darüber...
Ein ganz schlimmes Vergnügen...

Reife Melonen schälen, säubern, in Stücke schneiden und in einen breiten tiefen Topf geben und den Saft 15 Minuten garen und abgießen. Das erstere Fruchtfleisch wiegen und mit mindestens genausoviel Zucker umrühren und köcheln lassen. Etwas Vanillestange, Rosinen, zerbröckelte Walnüsse und Pinienkerne hinzufügen. 30–45 Minuten kochen. In Töpfe füllen. Candierte Veilchen und Minzblätter als Décoration obendrauf. Mit Papier abdecken, oder in Schraubgläser geben und zudecken. Das gleiche Prinzip gilt für Pfirsiche, Aprikosen, Feigen, Brombeeren. Erdbeeren und Himbeeren können im 3-Min.-Takt gemacht werden: 3x aufkochen und ziehen lassen.

Kastanien-Confit: Die Kastanien einritzen und kochen. Die 2 Häute schälen und die Frucht in der flotten Lotte zu Mehl pürieren. Einen Zuckersirup vorbereiten und das Mehl hineingeben mit etwas Vanillestange. Die Masse heiß in die Töpfe geben und mit bitterer geschmolzener Schokolade bedecken. (Couverture = Decke!) Als Dessert die Maronecreme, Confitures diverses und Rahm präsentieren, eine gekochte Birne, geröstete Mandeln und ein Himbeerconfis darüber.... ein ganz schlimmes Vergnügen....

Milchprodukte im Zusammenhang mit Konfitüren

Joghurt *natur* und Quark ganz *pur* von Kuh, Schaf und Ziege, vermischt mit unseren delikaten Konfitüren, kaltgeschlagen oder halbgefroren, das ist ein Glücksmoment für früh morgens oder spät nachts.

Die Marmeladen mit Crème fraîche oder Rahm mixen und tieffrieren: Unser hausgemachtes Eis wartet auf uns... Hebt sichtlich die Laune und fördert innige Freundschaft und Einvernehmen mit Amazonen, wohl aus der tiefen Erinnerung heraus an eine Zeit der Zärtlichkeit, wo wir noch nicht wußten, daß wir Erwachsene Mädchen waren und uns für Kinder hielten...

Milchprodukte im Zusammenhang mit Konfitüren

Yoghurt "natur" und Quark ganz pur von Kuh, Schaf und Ziege, vermischt mit unseren delikaten Konfitüren, kaltgeschlagen oder halbgefroren, das ist ein Glücksmoment für früh morgens oder spät nachts. Die Marmeladen mit Crème fraîche oder Rahm mixen und tiefgefrieren; unser hausgemachtes Eis wartet auf uns..... Hebt zugleich die Laune und fördert innige Freundschaft und Einvernehmen mit Amazonen wohl aus der tiefen Erinnerung heraus an eine Zeit der Zärtlichkeit, wo wir noch nicht wußten, daß wir Erwachsene Mädchen waren und uns für Kinder hielten......!

Kekse, eine Back-Wahn-Story

Die Kulinarik ist eine, das Rösten und Grillen eine andere Sparte, das Backen eine dritte, wobei vor meinem inneren Auge eine Flut von verkohlten Weihnachtsmännern auftaucht, zusammen mit Broten, die wie Ziegelsteine und Gummiknüppel aussehen und auch so schmecken. Letztere können vorteilhaft in Panüre (Brosamen) verwandelt werden und unsere Aufläufe bedecken. Es muß nicht immer Käse sein, und Käse tut es nicht allein.
Einen fertigen Mürbeteig abschmecken in puncto Salz, Zucker, Butter und mit Gewürzen vermischen wie Zimt, Kakaobohne, Muskatnuß, Nelke. Das Beste ist, Teig mit Aniskörnern und Kardamon versetzen, Sonne, Mond und Sterne ausstechen und diese so gebackenen Gestirne warm zu Melonenconfit reichen, dazu ein wirklicher Pfefferminztee -
Thé à la menthe=Thé à l'amante=Tee zur Geliebten -
welcher angenehm anregt.
Chinesischer grüner Tee, brauner Zucker, grüne Minzzweige, eine Augenweide zum Auftakt für famose Stunden!

Kekse, eine Back-Wahn Story

Die Kulinarik ist eine, das Rösten und Grillen eine andere Sparte, das Backen eine dritte, wobei vor meinem inneren Auge eine Flut von verkohlten Weihnachtsmännern auftaucht zusammen mit Broten, die wie Ziegelsteine u. Gummiknüppel aussehen u. auch so schmecken. Letztere können vorteilhaft in Panüre (Brosamen) verwandelt werden und unsere Aufläufe bedecken. Es muß nicht immer Käse sein und Käse tut es nicht allein! Einen fertigen Mürbeteig abschmecken in Punkto Salz, Zucker, Butter, und mit Gewürzen verwöhnen wie Zimt, Kakaobohne, Muskatnuß, Nelke.! Das Beste: Teig mit Aniskörnern u. Kardamom versetzen, Sonne, Mond und Sterne ausstechen und diese so gebackenen Gestirne warm zu Melonenkompott reichen, dazu ein orientalischer Pfefferminzthé (thé à la menthe = thé à l'amante = The zur Geliebten) welcher angenehm anregt. Chinesischer grüner The, roter Zucker, grüne Minzzweige, eine Augenweide zum Auftakt für famose Stunden!

Bonne Année –

Bonne Année

Weihnachten

Bonne Année

Weihnachten

Bonne Année

Aus besonderem Anlaß: zwei Menüs

Bonne Année

Weihnachten

Bonne Année

Bonne Année

Weihnachten

Bonne Année

Bonne Année

Das Mahl der Weihnachtsfrau im Karstgebirge

Die Weihnachtsfrau hat Damenbart,
Das ist nun eben ihre Art!
Ansonsten ist sie quick und speed,
Vor allem was betrifft die feed...

Wilde Artischocken (sonst aus der Dose) in kleine Stücke schneiden und in Zitronensalzwasser mit einem Brotknust garen (entfernt die Bitterkeit). Eine Béchamelsoße mit gehackten Kapern, Gewürzgurken, Schalotten und Anchovis mischen, eventuell ein Eigelb darunter ziehen.
Kardonen mit Soße warmstellen. Festkochende Kartoffeln in Würfel schneiden und mit Knoblauchzehen im Hemd, Rosmarin und Thymian in heißem Olivenöl knusprig braten, Salz und Pfeffer zum Abschmecken. Kartoffeln und Kardonen noch einmal in den Ofen.
Ackersalat, Eichenblatt, Wildkraut, rote Beete in Öl, Essig, Knoblauchsoße dazu servieren.

Einsame Amazonen reichen auch einen Teller eigenen *Gravlachs* dazu und eine geräucherte Forelle und Makrele. Eine Flasche frischer Schaumwein (*Méthode naturelle!*) und ein edler Ziegenkäse.
Garantiert kein Kater morgens, nur edle sanfte Katzen...

Frohe Weihnacht, gute, gute Nacht!

Das Mahl der Weihnachts-frau im Karstgebirge

Die Weihnachtsfrau hat Daumenbast
das ist nun eben ihre Art! Ansonsten
ist sie quick u. speed vor allem
was betrifft die feed....
wilde Artischocken (sonst Dose!) in kl.
Stücke schneiden und in Zitronen-
salzwasser mit einem Brotkrust
garen (entfernt die Bitterkeit!) Eine
Béchamelsauce mit gehackten Kapern,
Gewürzgurken, Schalotten u. Anchovis!
mischen, eventuell ein Eigelb darunter-
ziehen!. Kardons mit Sauce warm-
stellen. Festkochende Kartoffeln
in Würfel schneiden und mit
Knoblauchzehen im Hemd, Rosmarin
u. Thymian in heißes Olivenöl und
knusprig braten. Salz u. Pfeffer zum
Abschmecken. Kartoffeln u. Kardons
noch einmal in den Ofen. Ackersalat,
Eichenblatt, Wildkraut, rote Beete!
in Essig, Knoblauchsoße dazu servieren!
Einsame Amazonen reichen noch
einen Teller eigenen Graulachs dazu
u. eine geräucherte Forelle und
Makrele. Eine Flasche frischer
Schaumwein (méthode naturelle!)
und ein edler Ziegenkäse —
garantiert kein Kater morgens, nur
edle sanfte Katzen....
Frohe Weihnacht, gute, gute Nacht!

Ein Neujahrsmittagessen im Jahre 1999

Ich denke, es wird Schnee geben am 1. Jänner 1999. Dabei sind die Blätter des wilden Weines noch rot, im Walde rote Beeren überall, strahlende Sonne, gut schmeckende Eiszapfen, klirrend, gläsern. Jeder Schritt auf der Erde hat ein Echo. Für unsere wilden Tiere ist Nahrung sichergestellt. Es kommen Steinadler zu Besuch, unter dem Schnee warten schwarze Trüffeln, das Herz des hydraulischen Widders schlägt tief in der Schlucht und bringt das köstliche Wasser.
Zweige von Buchs, Kiefern, Pinien, ein paar Hagebutten, Kastanien, tiefes Atmen und Hoffnung auf Besserung der Welt.
In dieser Stimmung passen Artischocken *à la farigoule*. *Fari* oder *Barigoule* bedeutet Kräuter.
Artischocken säubern, Spitzen und Stroh entfernen und die kleinen violett-grünen Früchte mit Zitronensalzwasser, Knoblauch im Hemd, Schalotten, Pfeffer, Wacholderbeeren, einem kleinen Glas Olivenöl bedecken und leise kochen lassen.
Nach Erkalten Brot in die Soße tunken. Dazu Oliven!

Ein Neujahrsmittagsessen im Jahre 1999

Ich denke, es wird Schnee geben am 1. Jänner 1999. Dabei sind die Blätter des wilden Weines noch rot, im Wald rote Beeren überall, strahlende Sonne, gut schmeckende Eiszapfen, klirrend, gläsern, jeder Schritt auf der Erde hat ein Echo. Für unsere wilden Tiere ist Nahrung sicher gestellt. Es kommen Steinadler zu Besuch, unter dem Schnee warten schwarze Trüffeln, das Herz des hydraneischen Ritters schlägt tief in der Schlucht und bringt das köstliche Wasser. Zweige von Buchs, Kiefern, Pinien, ein Paar Hagebutten, Kastanien, tiefes Atmen und Hoffnung auf Besserung der Welt.

Zu dieser Stimmung passen „Artischocken à la Barigoule" Fari- oder Barigoule bedeutet Kräuter. Artischocken säubern, Spitzen u. Stiel entfernen u. die kleinen violett-grünen Früchte mit Zitronensalzwasser, Knoblauch im Hemd, Schalotten, Pfeffer, Wacholderbeeren und einem kl. Glas Olivenöl bedecken und leise kochen lassen. Nach Erkalten Brot in die Soße tunken. Dazu Oliven!

Als zweiten Gang

... gibt es Linsen, das sogenannte ärmste Gericht am ersten Tag des Jahres, in der Hoffnung, daß mindestens das in unseren Töpfen sein wird!!

Linsen *à la dijonnaise*:

Die Dijonnaise ist die mit dem Senf, eine sehr wichtige Person, welche auch *Marc de Bourgogne* (Schnaps) herstellt und ihn über scharfe Ziegenkäse gießt und den berühmten *Cassislikör* (Johannabeeren) über unser Hauseis träufelt...

Am Vorabend graue und grüne kleine Linsen einweichen. In einen breiten Topf Zwiebeln und Schalotten grob würfeln und in Butter-Öl-Mischung glasig kochen. Linsen mit Wasser hinzufügen, plus Dijon-Senf, Essig, Salz und Zucker. Leise köcheln lassen. Ein Stück Berghartwurst (einmal ist keinmal!) oder Räucherschinken in kleinen Würfeln addieren und ebensoviele kleine feste Tomatenwürfel. Lorbeerblätter, Wacholderbeeren, 1 Rosmarinzweig mitkochen lassen. Leise umrühren, aufdecken und zudecken, bis das Gericht weich, aber nicht wässerig gar ist. Nudeln der Sorte *Coquilletten* (Muschelchen) in eine Ofenform geben, Linsen daneben legen, alles mit Tomaten, Petersilie und Schalotten krönen, etwas Parmesan - und zu Tische!

Süß, sauer, salzig, würzig, sehr gesund und gar nicht teuer, das ist unser Essen heuer.

Grüner Salat, in der Klassik gibt es immer drei Sachen.

Bonne Annèe!

Neujahr

Als zweiten Gang gibt es Linsen,
das sogenannte Glücksgericht
am ersten Tag des Jahres in der
Hoffnung, daß mindestens! das in
überall Töpfen sein wird!!

Linsen à la Dijonnaise.

Die Dijonnaise ist die mit dem
Senf, eine sehr wichtige Person,
welche auch Marc de Bourgogne
(Schnaps) bestellt und ihn über
scharfe Ziegenkäse gießt und den
berühmten Cassis-Kir's (Johanna-Beeren)
über unser Häuserl träufelt...

Am Vorabend graue u. grüne, kleine
Linsen einweichen. In einem weiten
Topf Zwiebeln u. Schalotten grob würfeln
und in Butter-Öl Mischung glasig
kochen. Linsen mit Wasser hinzu-
fügen plus Dijon-Senf, Essig, Salz
und Zucker. Leise köcheln lassen.
Ein Stück Berghartwurst (einmal
ist keinmal!) oder Räucherschinken
in kleinen Würfeln addieren und
ebensoviele kleine feste Tomatenwürfel:
2-3 Lorbeerblätter, Wacholderbeeren,
1 Rosmarinzweig. Mitkochen lassen.
Leise umrühren, aufdecken und zu-
decken, bis das Gericht weich, aber
nicht wässerig gar ist. Nudeln der
Sorte Coquillettes (Müschelchen) in
eine Ofenform geben, Linsen daneben
legen, alles mit Tomaten, Petersilie
und Schalottenkrönen [?], etwas
Parmesan – und zu Tische.
süß, sauer, salzig, würzig, sehr
gesund u. gar nicht teuer: das ist
unser Essen heuer. Grüner Salat,
in der Klassik gibt es immer 3
Sachen.

Bonne Année!

Polykulinarik
oder
Club-Essen für Frauen

Über *Poly-Kulinarik* oder Club-Essen

Denn viele Köchinnen verderben durchaus nicht den Brei! Ganz im Gegenteil ist die polyphone und manuelle Küche die Hoffnung geselligen Frauenlebens für 2002...
Das Zusammenessen wird symbolisiert durch Teller - Schüsseln - Näpfe mit zwei oder mehreren Eßmulden - bei Töpferinnen in Auftrag zu geben! - oder glattweg durch einen breit- und dickbrettrigen Weißholztisch, aus welchem mit Hammer und Meißel 4 - 6 Eßmulden ausgehöhlt werden: Es gibt Personen, welche das Patriarchat *von innen aushöhlen* wollen... Wir wollen aber doch erst einmal vernünftig handwerklich mit einem Tisch beginnen.
Die Geschirrspülsaga würde durch diese Utensilien von ihrer Dramatik erlöst, oder besser gesagt, die Dramaturgie wechselt die Seite...

über Poly-Kulinarik oder

CLUB=ESSEN

- denn viele Köchinnen verderben durchaus nicht den Brei! ganz im gegenteil ist die polyphone und - manuelle Küche / die Hoffnung geselligen Frauenlebens bis 2002.....

Das zusammen - essen wird symbolisiert durch Teller-Schüsseln-Näpfe mit 2 oder mehreren Eß-mulden, bei Töpferinnen in Auftrag zu geben!! oder glattweg durch einen breit- u. dick bretterigen Weiß-holztisch in welchem mit Hammer und Meißel 4-6 Eßmulden aus-gehöhlt werden: es gibt Personen, welche das Patriarchat von innen aushöhlen wollen ... wir wollen aber doch erstmal vernünftig - hand-werklich mit einem Tisch beginnen. Die Geschirrspielsaga würde durch diese Utensilien von ihrer Dramatik erlöst, oder besser gesagt, die Drama-turgie wechselt die Seite .....

Beim Gemeinsam-Kochen, Frauen- Fest- Feiern, die 3effs!!

kommen auch die Küchenlieder wieder:

Am Brunnen vor dem Tor, Tor, Tor,
steht da nicht Hannelor, Lor, Lor,
Mit einem ganzen Männerchor,
Was hat sie bloß mit denen vor,
Was macht sie denn da wohl?
Sie wartet auf Herrn Kohl!!

oder für die Schwäbinnen:

Sodele und Wodele, die hatten einen Storch (bis)
Und sagten zu dem lieben Tier
Die ganze Zeit „Horch- Horch!"
Doch horchen wollte nicht das Tier (bis)
Deshalb gaben sie es mir ...
(Nach „Fuchs du hast die Gans gestohlen")

Die Poly-Kulinarik *Club* versteht sich so, daß die eine singt, die andere schält, die dritte hackt, die vierte rührt, die fünfte mixt, die sechste bäckt, die siebente grillt, die achte deckt, die neunte pflückt, die zehnte rückt... die Tische zusammen oder mit dem Geld heraus.
Das sind 10 kleine *Clubladies* mit ihrer großen Tat: dem Essen!!!

Beim gemeinsam-kochen,
Frauen-Fest-Feiern, die 3 Effs!
kommen auch die Küchenlieder
wieder:
"Am Brunnen vor dem Tor, Tor, Tor
steht da nicht Hannelor, lor, lor
mit einem ganzen Männerchor,
was hat sie bloß mit denen vor,
was macht sie denn da wohl?!?
Sie wartet auf Herrn Kohl!!"
oder, für die Schwäbinnen:
"Sodele und Wodele, die hatten
einen Storch (bis) und sagten zu
dem lieben Tier die ganze Zeit
Hosch hosch!! Doch hoschen
wollte nicht das Tier (bis) deshalb
gaben's sie mir... (nach "Fuchs du
hast die gans gestohlen")
Die Polykulinarik "Club" versteht
sich so, daß die eine singt, die
andere schält, die dritte schleckt,
die vierte rührt, die fünfte mixt,
die sechste bäckt, die siebente
grillt, die achte deckt, die neunte
pflückt, die zehnte rückt - die Tische
zusammen oder mit dem Geld heraus...
Das sind 10 kleine Clubladies
mit ihrer großen Tat: dem Essen!

Einige Ideen

Tarama: die Wonne der Griechinnen, wird aus Kabeljaueiern (oder sonstigen Fischeiern) hergestellt: Die Fischeiertaschen leeren und in einem Napf mit Weißbrot *pain de mie*, Salz, Pfeffer und Quark vermischen.
Gut verquirlen, kalt stellen und mit Petersilie verzieren.
Tsatsiki: Frische Gurken mit Salz in kleine Stücke schneiden und ihr Wasser verlieren lassen.
Knoblauchzehen pressen und die Zutaten zusammen mit dickem Quark vermengen. Mit Petersilie und Tomaten anrichten.
Gaspacha: Die kalte Suppe der Spanierinnen wird aus kleingewürfeltem Gemüse hergestellt. Gurken, Tomaten, Fenchel, Sellerie, Peperoni, Zwiebeln, Knobi in eine Mischung aus Gemüsesaft, Zitrone, Wasser, Salz, Pfeffer und Öl geben und kalt stellen.
Vor dem Servieren mit Kräutern verzieren.
Auberginen-Kaviar: Auberginen auf dem Ofenblech gar backen. Das Fleisch herausnehmen und mit Öl, Salz, Pfeffer, Schalotten und Senf pürieren. Ein paar Stücke der dunklen Haut und die Kerne lassen, wegen Kaviar-Effekt!
Taboulé: Die Lieblingsspeise der aufgeklärten Tunesierinnen wird aus Kuß-Kuß-Grieß dahergezaubert. Grieß, feingehackte Tomaten, Peperoni, Minze, Zwiebeln, Salz und viel Zitrone vermischen. Einige Stunden kalt stellen und mit frischer Minze präsentieren...

Einige Ideen

Tarama, die Wonne der Griechinnen, wird aus Kabeljaueiern (oder sonstigen Fischeiern) hergestellt: Die Fischeiertaschen leeren und in einem Napf mit Weißbrot "pain de mie" Salz, Pfeffer und Quark vermischen. Gut verquirlen, kalt stellen u. mit Petersilie verzieren.

Tsatsiki: frische Gurken mit Salz in kleine Stücke schneiden und ihr Wasser verlieren lassen. Knoblauchzehen pressen und die Zutaten zusammen mit dickem Quark vermengen. Mit Petersilie u. Tomaten anrichten.

Gaspacha: die kalte Suppe der Spanierinnen wird aus kleingewürfeltem Gemüse hergestellt: Gurken, Tomaten, Fenchel, Selleri, Pepperonis, Zwiebeln, Knobi in eine Mischung aus Gemüsesaft, Zitrone, Wasser, Salz, Pfeffer u. Öl geben und kalt stellen! Vor dem Servieren mit Kräutern verzieren.

Auberginen-Kaviar: Auberginen auf dem Ofenblech gar backen. Das Fleisch herausnehmen und mit Öl, Salz, Pfeffer, Schalotten u. Senf pürieren. Ein paar Stücke der dunklen Haut u. die Kerne lassen, wegen Kaviar-Effekt!

Taboulé: die Lieblingsspeise der aufgeklärten Tunesierinnen wird aus Kuß-Kuß-Gries dahergezaubert. Gries, feingehackte Tomaten, Pepperonis, Minze, Zwiebeln, Salz, Pfeffer und viel Zitrone vermischen. Einige Stunden kalt stellen und mit frischer Minze presentieren...

Nochmals Club-Ideen

Meeresbraten Lotte: Der feste Lotte-Fisch (Seeteufel) wird Meeresbraten genannt und folgendermaßen zubereitet: Ein mittelgroßes Mittelstück Lotte mit Knoblauchstiftchen spicken, in Öl anbräunen, in Salz und Pfeffer wälzen (als Variante Senf) und im Spinat- oder Brennesselmantel in Alu-Folie geben und in den Ofen für 20- 40 Minuten, je nach Volumen. Dazu eine weiße Rahm-Béchamel, Petersilie und Salzkartoffeln.
Pilz-Moussaka: Eine Pilzpfanne, aus welchen Pilzen auch immer, gut abgeschmeckt mit Knobi und Petersilie gar dünsten und warm stellen. Eine Béchamel und eine Tomatensoße reservieren, einen leichten Kartoffelbrei kochen und in eine feuerfeste Form schichtweise die Zutaten hineingeben. Zwischenschichten: Petersilie, Zwiebeln, Parmesan. Mit letzterem bedecken und in den Ofen unter den Grill für ein paar Minuten.
Muschel-Spinat-Auflauf: Frischen oder tiefgekühlten Blattspinat kochen und sehr gut abtrocknen lassen, mit Zwiebelsoße vermischen. Muscheln in Zitronenwasser zum Öffnen bringen und aus den Schalen nehmen. In eine Ofenform den Spinat betten, die Muscheln hineindrücken, mit einem *Hachis* aus Petersilie, Knoblauch, Schalotten bedecken, mit Butterflöcken und *Gruyère* bedecken und ab in den Ofen. Dazu weißer *Camargue-Reis!*

Nochmals Club-Ideen

Meeresbraten Lotte

Der feste Lotte-Fisch wird Meeresbraten genannt und folgendermaßen zubereitet: Ein mittelgroßes Mittelstück Lotte mit Knoblauchstiftchen spicken, in Öl leicht anbraunen, in Salz u. Pfeffer wälzen (als Variante Senf) und ihn in Alu-Folie, Spinat oder Brennesselmantel in den Ofen für 20–40 Min. je nach Volumen geben u. Dazu eine weiße Rahm-Bechamel, Petersilie u. Salzkartoffeln.

Pilz-Moussaka

Eine Pilzpfanne, aus welchen Pilzen auch immer, gut abgeschmeckt mit Kräut. u. Petersilie gar dünsten u. warm stellen. Tomatensoße, eine Bechamel u. einen leichten Kartoffelbrei kochen und reservieren. In eine feuerfeste Form schichtweise die Zutaten hineingeben, Zwiebeln, Petersilie zwischenschichten. Mit Parmesan bedecken und in den Ofen unter dem Grill für ein paar Minuten.

Muschel-Spinat-Auflauf

Frischen oder tiefgekühlten Blattspinat kochen und sehr gut abtropfen lassen, mit Zwiebelsoße vermischen. Muscheln in Zitronenwasser zum Öffnen bringen und aus den Schalen nehmen. In eine Ofenform den Spinat betten, die Muscheln hineindrücken, mit einem Hachis aus Petersilie, Knobl., Schal. bedecken, mit Butterflöckchen und Gruyère bedecken und ab in den Ofen. Dazu weißer Camargue-Reis!

Club-Desserts

Liebe geht durch den Magen - auch bei uns, und nicht nur in einer *verheterrohten* Gesellschaft!!

Schokoladen-Mousse: 2 Tafeln Schokolade im Wasserbad schmelzen lassen, mit 2 Eßlöffeln Wasser. Rosinen in Cognac schwellen lassen, das Weiße von 6 Eiern mit 2 Prisen Salz schlagen, 1/4 Pfund Zucker, die Schokolade, die Rosinen, das Eiweiß vermischen und in eine Schüssel geben. Selbige 3 Stunden kalt stellen. Aus den 6 Eigelb mit Zucker, Rahm und Zitrone im Wasserbad einen Sabayon mixen und zu der Mousse reichen.

Obstsalat: Verschiedene frische und trockene Früchte in kleine Stücke schneiden, Zitronen- und Orangensaft nach Geschmack hinzufügen. Einen Schuß Williamsbirne, Himbeerlikör oder Cointreau. Mit Schlagsahne bedecken und etwas Grenadine-Sirup darüber träufeln.

Apfelpizza: Rote und grüne Äpfel in Scheiben schneiden, ohne sie zu schälen. Auf einem Pizzateig dekorativ betten, mit kleinen Butterröllchen und braunem Zucker reichlich garnieren. Backzeit 25 Minuten!

Club-Desserts

Liebe geht durch den Magen – auch bei uns und nicht nur in einer verheirateten Gesellschaft!

Schokoladenmousse:
2 Tafeln Schokolade im Wasserbad mit 2 Eßlöffeln Wasser schmelzen lassen. Rosinen in Cognac schwellen lassen, das Weiße von 6 Eiern mit 2 Prisen Salz schlagen, 1/4 ℔ Zucker, die Schokolade, die Rosinen, das Eiweiß vermischen und in eine Schüssel geben. Selbige 3 Stunden kalt stellen. Aus den 6 Eigelb mit Zucker und Rahm und Zitrone im Wasserbad einen Sabayon mixen und zu der Mousse reichen....

Obstsalat
Verschiedene frische und trockene Früchte in kleine Stücke schneiden und Zitronen- u. Orangensaft nach Geschmack hinzufügen. Einen Schuß Williams-birne, Himbeerlikör oder Cointreau. Mit Schlagsahne bedecken und etwas Grenadine-Sirup darüber träufeln.

Apfelpizza
Rote u. grüne Äpfel in Scheiben schneiden ohne sie zu schälen, Auf einem Pizzateig dekorativ betten, mit kleinen Butterflöckchen und rotem Zucker reichlich garnieren. Backzeit 25 Minuten!

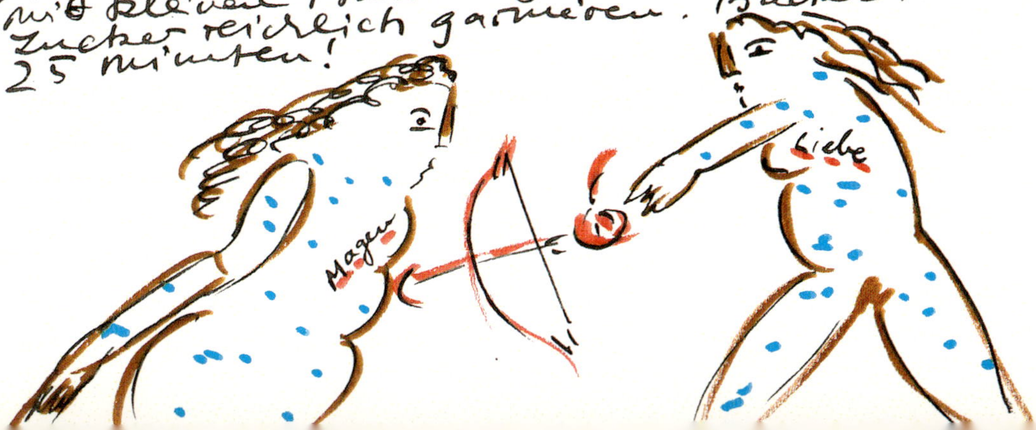

Tischgespräche

Beim Kochen und Essen sollte ausschließlich von Essen und Kochen die Rede sein oder von Geschichten und Figuren, die damit zu tun haben.
Die Göttin Demeter steht für Getreide, Kain für Gemüse und Abel ist out.
Unsere Nahrungs-Heilige ist Italienerin und heißt *Angela di Foligno*. Selbige schrieb zur Zeit der Renaissance: „ Am liebsten würde ich auf Straßen und Plätzen gehen, ganz nackt mit Fischen, Broten und Fleisch am Halse behängt. Alle Welt würde dann rufen: Da steht sie doch, die scheußliche Kreatur"!!!
Angela wurde trotzdem oder gerade deshalb heilig gesprochen.

Dieser weibliche Engels-Nahrungs-Totem ist die erste surrealistische Vision der ambulanten Küche, so etwas wie ein wandelnder Baum, auf dem Essen zu pflücken wäre, eine Vorfigur der Mutter Courage.
Schöne Gespräche wünsche ich Euch!!!

Tischgespräche

Beim Kochen und Essen sollte
ausschließlich von Essen und Kochen
die Rede sein oder von Geschichten
und Figuren die damit zu tun haben,
die Göttin DEMETER steht für
Getreide, KAIN für Gemüse und
ABEL ist out.
Unsere Nahrungs-Heilige ist Italienerin
und heißt ANGELA di FOLIGNO.
Selbige schrieb zur Zeit der Renaissance:
„Am liebsten würde ich auf Straßen
und Plätze gehen, ganz nackt und
mit Fischen, Broten und Fleisch am
Halse behängt. Alle Welt würde
dann rufen: Da seht sie doch,
die scheußliche Kreatur...!!!"
Angela wurde trotzdem oder gerade
deshalb heilig gesprochen.
Dieser weibliche Engels-Nahrungs-
totem ist die erste surrealistische
Vision der ambulanten Küche, so
etwas wie ein wandelnder Baum,
auf dem Essen zu pflücken wäre,
ein Vorspiel der Mutter Courage:
Schöne Gespräche wünsche ich Euch!

Ein Nachwort an Stelle einer Einleitung...

Mein Vorhaben war nicht, Erwachsenen Mädchen, gestandenen Frauen und rebellischen Amazonen die Kulinarik beizubringen, beileibe nicht und bei Liebe nicht. Dies ist kein Kathederkurs, sondern ein Flirt von einiger Komik, insofern in der dumpf-düsteren Welt der patriarchalischen Küchensklaverei so etwas wie ein Stern aus Strohhalmen, an den sich zu klammern wäre.

Dreißig Jahre lang habe ich so gut wie nur weibliche Wesen bewirtet. Die Idee einer Küchenchronik wurde oft erwähnt, erschien mir jedoch als Utopie, da ich nicht wußte, durch welchen Dreh ich aus der Duster-Patria-Ecke zum Leuchten käme.

Die Einkaufslisten für die Freundin, welche mit neun Jahren schon Nudeln kochen mußte, verziert mit Zeichnungen, so, ganz einfach, gratis, haben mir wohl die Hand geübt und die Wiederholung der Essenszubereitung, inzwischen kann ich es im Schlaf.
Ich setze Kochkenntnisse voraus, und wenn nötig, ist bei anderen Nachlesbares.
In meiner Kindheit der vierziger und fünfziger Jahre gab es in Hamburg nicht gar viel zu beißen. Eine berufstätige Mutter und zwei viel zu früh berufstätige Mädchen, „Unordnung und frühes Leid".
Mit Rührung erinnere ich mich an die Großmutter aus dem vorigen Jahrhundert, an Tee aus Apfelschalen,

Ein Nachwort an Stelle einer Einleitung.

Mein Vorhaben war nicht, Erwachsenen Mädchen, gestandenen Frauen u. rebellischen Amazonen die Kulinarik beizubringen, beileibe nicht und bei Liebe nicht. Dies ist kein Katheder-Kurs, sondern ein Flirt von einiger Komik, insofern in der dumpfdüsteren Welt der patriarchalischen Küchensklaverei so etwas wie ein Stern aus Strohhalmen an den sich zu klammern wäre. 30 Jahre lang habe ich so gut wie unsterbliches Wesen bewirtet; die Idee einer Küchenchronik wurde oft erwähnt, erschien mir jedoch als Utopie, da ich nicht wußte, durch welchen Dreh ich aus der Düster-Patria Ecke zum Leuchten käme. Die Einkaufslisten für MINA (welche mit 9 Jahren schon Nudeln kochen mochte ...) verziert mit Zeichnungen, so ganz einfach gratis, halfen mir wohl die Hand lernt' und die Wiederholung der Essenszubereitung – inzwischen kann ich es im Schlaf.
Ich setze Kochkenntnisse voraus, und wenn nötig, ist bei Andern Nachlesbares.
In meiner Kindheit der 40er u. 50er Jahre gab es in Hamburg nicht gar so viel zu beißen. Einer berufstätigen Mutter und zwei viel zu früh berufstätigen Mädchen, "Unordnung und frühes Leid". Mit Rührung erinnere ich mich an die Großmutter aus dem vorigen Jahrhundert, an Tee aus Apfelschalen, Apfelplinsen, Holunder und Buttermilchsuppe, Schwarzbrot u. Kunsthonig, Muckefuck und Margarine, rohe Haferflocken, Quark und Milch, Fischfrikadellen und Kartoffeln als solche.
Dank an Omi für das Gleichgewicht und an Mama für die Fantasie.

Apfelplinsen, Holunder-und Buttermilchsuppe, Schwarzbrot und Kunsthonig, Muckefuck und Margarine, rohe Haferflocken, Quark und Milch, Fischfrikadellen und Kartoffeln als solche. Dank an Omi für das Gleichgewicht und an Mama für die Fantasie.
Mama behauptete, Eier seien die Menstruation der Hühner und auf Käse urinieren Männer. Fleisch sei Leiche, Fleischsuppe Leichenbrühe. Andererseits solle einviertel Pfund rohes Tatar gegessen werden, pro Tag, sonst würden wir zu bigotten Psychopathen.
Zucker sei schädlicher als Zigaretten, Grund genug, sich hauptsächlich von beiden zu ernähren.
Interessant sind kleine Unfälle, welche aparte Ersatz-Nahrung herstellen, der kulinarische Lapsus:
ein Ei oder zwei in einen Krug schlagen und mit heißem Wasser aufgießen. Es entsteht ein Liter köstlicher Zitronenmilch! Ein versehentlicher Klecks von Tomatenmark auf Brot: Brot mit Öl oder Butter bestreichen, Tomatenmark, Salz, Pfeffer und rohe Zwiebel darauf geben, das veganische Tatar ist geboren. Gezuckerte Kondensmilch leise köcheln lassen, am besten im Marien-Bad, und da haben wir zum Nachtisch köstliche Karamelbonbons!

So gingen die Dinge und eines Tages landete ich auf einem Berg, in einer Ruine ohne Strom und Telefon und mit Wasserschwierigkeiten. Auch nicht immer ein Auto: Ich mußte mir die Nahrung gewissermaßen erwandern und hatte das Glück, die diversesten

Mama behauptete, Eier seien die Menstruation der Hühner und auf Käse urinierten Männer. Fleisch sei Leiche, Fleischsuppe Leichenbrühe. Andererseits solle 1/4 ℔ rohes Tatar gegessen werden pro Tag, sonst würden wir zu bigotten Psychopathen... Zucker sei schädlicher als Zigaretten, grund genug, sich hauptsächlich von letzterem zu ernähren...
Interessant sind kleine Unfälle, welche aparte Ersatz-Nahrung herstellen, oder kulinarische Lapsus: ein Ei (oder 2) in einen Krug schlagen und mit heißem Wasser aufgießen. Es entsteht 1 Liter köstlicher Hühnchen-Milch! Ein versehentlicher Klecks von Tomatenmark auf Brot: Brot mit Öl oder Butter bestreichen, Tomatenmark, Salz, Pfeffer und rohe Zwiebel darauf geben: das vegane Tatar ist geboren. Gezuckerte Kondensmilch leise köcheln lassen (am besten im Marien-Bad) und da haben wir zum Nachtisch köstliche Karamelbonbons!
So gingen die Dinge und eines Tages landete ich auf einem Berg, in einer Ruine ohne Strom u. Telefon und mit Wasserschwierigkeiten. Auch nicht immer ein Auto: ich musste mir die Nahrung gewissermaßen erwandern und hatte das Glück die diversesten Kochdeckel im Lande lüpfen zu dürfen und somit die Küche zu lernen. Und ganz genauso habe ich die Rezepte weitergegeben, auch bei mir wurde vorausgesetzt, dass ich wüsste, wie es gemacht wird! Ich wusste es nicht, aber ich verfügte über eine kostbare Sache, die ZEIT! und verhältnismäßig viel Rohmaterial. Eine versalzene Ratatouille war keine Tragödie, genauso gut waren Katz u. Hund darauf oder die Ratten. Oft geschahen kleine accidents, die neue Perspectiven erschufen.

Kochdeckel im Lande lüpfen zu dürfen und somit die Küche zu lernen. Und ganz genauso habe ich die Rezepte weitergegeben; auch bei mir wurde vorausgesetzt, daß ich wußte, wie es gemacht wird. Ich wußte es nicht, aber ich verfügte über eine kostbare Sache, die ZEIT! Und verhältnismäßig viel Rohmaterial. Eine versalzene Ratatouille war keine Tragödie, genauso gut waren Katz und Hund daran oder die Ratten. Oft geschahen kleine accidents, die neue Perspektiven schufen.
Küche ist eine Kunst, und wie in selbiger geschehen durch Unabsichtliches Wunder, welche die vorgegebene Struktur wie ein Webschiff mit farbigen Punkten ausstatten. Früher war die Kulinarik die ausschließliche Domäne der weiblichen Menschen, genau wie Stoffe, Kleidung, Heilkunde und Hebammentum, was alles von den Herren in Anspruch genommen und von ihnen verwaltet wird.
Im Feminismus gehört es zum offiziellen guten Ton, Küche unter den Tisch zu schieben, anstatt sie darauf zu stellen, obwohl es privat vorrangig nur darum geht. Publik eine Leidenschaft für Küche zu bekunden, gehört zur Dämlichkeit.
Die Zeit ist gekommen, daß anständige Feministinnen sich von genau solchen bekochen lassen, auf daß die feministische Küche jetzt endlich entstünde und unsere gemeinsamen Abende nicht olle Kamellen von Muttern bedeuten, sondern dolle Dinger von Amazons!

Küche ist eine Kunst und wie in
selbiger geschehen durch unabsichtliche
Künstler, welche die vorgegebene
Struktur wie ein Webstoff mit
farbigen Punkten ausstatten.
Früher war die Kulinarik die aus-
schließliche Domäne der weiblichen
Menschen, genau wie Stoffe, Kleidung,
Heilkunde und Hebammentum –,
was alles von den Herren in An-
spruch genommen und von ihnen
vernutzt wird. Im Feminismus
gehört es zum offiziellen guten Ton
Küche unter den Tisch zu schieben,
anstatt sie darauf zu stellen –
obwohl es privat vorrangig nur
darum geht. Publik Liebhaberschaft
für Küche zu bekunden
gehört zur Dämlichkeit.
Die Zeit ist gekommen, daß anständige
Feministinnen sich von! genau solchen
bekochen lassen, auf daß die feminis-
tische Küche jetzt endlich ent-
stünde und unsere gemeinsamen
Abende nicht olle Kamellen von
Muttern bedeuten, sondern dolle
Dinger von Amazons!
In diesem Sinne ist diese kleine
Chronik ein Versuch für das erste
feministische Kochbuch der Welt:
mögen andere folgen.
Eine Idee für ein Gesellschafts-
spiel: Rezepte auf Spielkarten
drucken oder fotokopieren und
den Abend damit anfangen.
Die Gewinnerin bekocht uns dann
mit den Ingredienzien die sie
vorfindet und fügt ihr Rezept
dem Spiel zu –– denn Gewinnerinnen
sollen uns ernähren, nicht Verliererinnen!
Gehabt Euch wohl!
Auf Wiederlesen!

Lena Vandrey

In diesem Sinne ist diese kleine Chronik ein Versuch für das erste feministische Kochbuch der Welt: Mögen andere folgen.

Eine Idee für ein Gesellschaftsspiel: Rezepte auf Spielkarten drucken oder fotokopieren und den Abend damit anfangen. Die Gewinnerin bekocht uns dann mit den Ingredienzien, die sie vorfindet und fügt ihr Rezept dem Spiel zu - denn Gewinnerinnen sollen uns ernähren, nicht Verliererinnen!

Diese Chronik wurde im September '97 geschrieben.
Zeitbedarf: 30 Jahre und 3 Tage.
Ort: das Hochplateau von Issirac im Hoch-Gard.
Bedingungen: sanftes Wetter, leichter Wind, Wasserschwierigkeiten.
Das Haus ist ein Schiff auf hoher Erde.
Nahrung im Log-Buch:
1. Tag: Rotbarsch-Klöße (Quenellen) mit 3 Pommes, Äpfel, süße und salzige Kartoffeln, Salat
2. Tag: Steinpilzpfanne auf Nudeln, Tomaten, Salat
3. Tag: das Gleiche in kleiner Variante.
Rotwein Bordeaux, Mineralwasser, Zichorien-Kaffee.

Schlaf ohne Träume,
Französische Gespräche,
Gedanken in Deutsch.

Diese Chronik wurde im September '97 geschrieben. Zeitbedarf: 30 Jahre und 3 Tage. Ort: das Hoch-Plateau von Issirac im Hoch-Gard.
Bedingungen: Sanftes Wetter, leichter Mond. Wasserschwierigkeiten.
Das Haus ist ein Schiff auf [illegible] Erde. Nahrung im Log-Buch:
1. Tag: Rotbarsch-Klöße (Quenellen) mit 3 pommes. Äpfel, süße und salzige / Kartoffeln. / Salat
2. Tag: Steinpilzpfanne auf Nudeln, Tomaten / Salat.
3. Tag: das gleiche in kleiner Variante.
Rotwein Bordeaux, Mineralwasser, Zichorien-Kaffee.
Schlaf ohne Träume, französische Gespräche, Gedanken in Deutsch.

Wir können Hunger haben - und keinen Appetit -
oder Appetit und keinen Hunger.

Laßt uns versuchen, beides zu vereinen.

Wir können Hunger haben – und keinen Appetit oder Appetit und keinen Hunger. Laßt uns versuchen, beides zu vereinen. –

Anhang

Porträt der Köchin

Die nackte KÖCHIN hat einen langen Arm,
Was Liebe bedeutet.
Ihr Almanach ist für Amazonen bestimmt.

Annexe
Die Nackte Köchin hat einen langen Arm, was Liebe bedeutet. Ihr Almanach ist für Amazonen bestimmt.
Portrait der Köchin
dila olive

Die nackte GÄRTNERIN
baut Zwerggemüse auf dem Berg

Die nackte Gärtnerin baut Zwerggemüse auf dem Berg!

Für Adèle Meyer-Westhoven.

Gewidmet sei es allen KÖCHINNEN, Lebenskünstlerinnen, allen, die exponieren und explodieren; allen, die rauchende Kessel kennen, Kochtopfkunst und Frauengunst.
Allen reitenden Amazonen, die unter dem Sattel brieten und zu Yoghurt rieten; allen Freundinnen, welche köcheln und kochen, allen Monaten, allen Wochen, allen Zeichen und allem Lernen, allen Monden und allen Sternen. Aller Wonne, aller Sonne. Ein Lebenlang den Lesenden und Ewigkeit den Essenden. In Erinnerung an die „großen Mütter" der Küche, im Fokus des Mundes!

Für Adèle Meyer-Westhoven

Gewidmet sei es ALLEN KÖCHINNEN,
Lebenskünstlerinnen, Allen die expo-
nieren und explodierten; Allen, die
rauchende Kessel kennen, Kochkopfkunst
und Frauengunst; allen reitenden Amazonen,
die unter dem Sattel braten und zu Yoghurt
reiten; allen Fremdlinnen, welche köcheln
und kochen, allen Monaten, allen Wochen;
allen Zeichen und allem Lernen; allen Monden,
allen Sternen. Aller Wonne, aller Sonne.
Ein lebenlang den Lesenden und Ewigkeit
den Essenden. In Erinnerung an die
„großen Mütter" der Küche, im Fokus des
Mundes!

Lena Vandrey,
Künstlerin, Dichterin, Produzentin von Postkarten und
Briefmarken hat ihre eigene Edition
Encyclopedia Angria
zusammen mit
Dr. Mina Noubadji-Huttenlocher,
algerische Schwäbin, arabische Germanistin,
Gärtnerin und Steinmetzin.

Glossar

Addieren: hinzufügen

Aigue Bolido: aigue=Wasser; bolido=gekocht (provençalisch)

Aioli: Ail=Knoblauch; Knoblauchmayonnaise

A la Beef: von Beefsteak

A la Bergère: wie die Hirtin

A la Farigoule: Kräutermischung der Provençalinnen

A la Teufelin: scharf gewürzt

Arlesianerin: die schönste Frau, auf die immer gewartet wird, ein Mythos

Bain-Marie: Wasserbad

Bis: noch einmal

Brave Soße: tüchtig, gut, fabelhaft

Brie: berühmter französischer Rohmilchkäse

Bulgur: Weizen

Calisson: Mandel-Melonenmarzipan auf Oblate, typisch provençalisch

Camargue-Reis: Er wächst in der Provence

Camembert: Berühmter französischer Rohmilchkäse aus der Normandie

Cixous, Hélène: Weltberühmte Dichterin des 6. Pariser Bezirks. Erfinderin der *weiblichen Schrift,* welche von rebellischen Algerierinnen scharf kritisiert wurde.

Cointreau: Orangenlikör

Confit: Eingemachtes, Gesälztes süß oder salzig, die 1. Konserve der Welt, eine Frauenerfindung

Coulis: eingedickte Obst-Zuckersoße

Coulommiers: berühmter französischer Rohmilchkäse aus der Normandie

Darboven, Hanne: Konzeptkünstlerin, welche nur Zahlen malt

Dijon-Senf: 1. Produzentin Europas von Senf, die Hauptstadt Burgunds

Dokumenta: größte Kunstschau der Welt, seit 40 Jahren zum ersten Mal eine Frau als Kuratorin: Catherine David

Dressieren: anrichten

Entrèes: auch Hors-d'œuvres, Mise en bouche genannt, „in den Mund gelegt", Vorspeisen

Extra Vierge: extra jungfräulich, rein und sauber

Filets: aussortierte Stücke

Flotte Lotte: Gemüsemühle

Goudou: Lesbe, auch Gousse genannt

Gravlachs: marinierter roher Lachs nach Art der Schwedinnen

Grenadine-Sirup: Sirup der Granatäpfel

Hachis: Gehacktes

Halloween: amerikanisches Frauenfest am 31. Oktober mit viel Kürbis, Laternen und Kerzen;früher Höllenfahrt und Auferstehung. Heidnisch-christlicher Lichtkult. Der nächste Tag heißt Allerheiligen.

Häuten: Haut ablegen, sich schälen wie eine Schlange oder wie Verena Stefan in ihrem Bestseller „Häutungen". Das alles kommt von Simone de Beauvoir, die sagte: „Eine Frau muß sich ihre eigenen Kleider schneidern und häuten"

Jeanne: Jeanne d'Arc, Johanna von Orléans, französische Kriegerin und Heilige, vormals Hirtin

Karamelisieren: in Zucker schmoren

Kardonen: wilde Artischocken

Kascha: provençalisches Hausgericht

Kasserolle: Topf

Kesra: das tägliche arabische Brot

Klitoridianisch: von Klitoris, weibliches Lustorgan

Knoblauchcroûtons: trockenes Brot mit Knoblauch eingerieben und geröstet

Kohl, Hannelore: Kollegin, Kochbuchautorin, französische Preisträgerin

Kuß-Kuß: arabisches Hauptgericht, Weizen

Kuvertüre: Schokoladenbelag

Marga Hara: Gewürzsoße

Marinade: Mischung aus Salz, Zitrone und Wasser

Mimosa-Eier: weiß und gelb getrennt ergeben die Farben der Pflanze

Mistral: Der berühmte Nordwind der Provence, nach dem sich der Frauendichter Frédéric Mistral genannt hat. Sein Epos „Mireille" ist unvergeßlich

Nîmes: Hauptstadt des Dèpartement Gard

Pain de mie: Das Innere des Brotes, aber auch Freundin, Geliebte, *ma-mie*; nicht zu verwechseln mit Mami. Von der *mie* kommen die *miettes* (Krümel)

Pampe: Brei

Patriarchat aushöhlen: Das will Hélène Cixous tun

Phallus: politische Form des Penis

Piperade: Peperonisoße auf baskisch

Pistou: Basilikum

Pomade: Creme

Präparation: Zubereitung

Pürieren: von Purée=Brei

Quiche: Eier-Schinkentorte aus Lothringen

Ragout: Schmoreintopf

Ras-el-Hanut: Gewürz=das Beste aus dem Laden

Ratatouille: Allerleigemüseeintopf

Ratten: Kartoffelsorte

Sabayon: Eierschaumcreme

Saint-Phalle, Niki de: weltberühmte Schöpferin der Nanas (=Mädchen: trivial, abfällig). Die Nanas haben ein winziges Gehirn und riesengroße Bäuche und Busen. Die Künstlerin huldigt einer recht infantilen Vision des weiblichen Menschen, gilt aber trotzdem als Feministin.

Saucen: Soße kommt von Sauce, aus der Zeit der Napoleonischen Kriege

Schillerlocke: Räucherfisch

Schwitzen: Reduzieren, ausdünsten

Tapenade: von taper=drücken, schlagen, eine Preßsoße von Oliven

Terrine: Pastete

Tortillera: Lesbe auf spanisch

Trüffel: schwarze Knolle, Pilz der Kurzeichen im Mittelmeerraum

Verheterroht: Amalgam von „hetero" + „verroht"

Violette: Veilchen, die Lieblingsblume der sapphischen Dichterin Renèe Vivien; Jahrhundertwende in Paris.

Inhalt

UND DANN... ETWAS ANDERES

AUS BESONDEREM ANLAß: ZWEI MENÜS

POLYKULINARIK ODER CLUB-ESSEN FÜR FRAUEN

Im Christel Göttert Verlag bisher erschienen:

Bei den Steinen angekommen
Aux pierres de mon départ
Eva-Gesine Wegner als Bildhauerin im Dialog mit Camille Claudel
Französische Version von Suzanne Bohn
ISBN: 3-922499-32-5, Zweisprachige Ausgabe

frauen-steuern Steuertips für den Weg in die unternehmerische Selbständigkeit
Von Marianne Schwan
ISBN 3-922499-31-7

Der Atem von Frauen
Luce Irigaray präsentiert weibliche Credos
Von Luce Irigaray
Aus dem Französischen von Angelika Dickmann
ISBN 3-922499-30-9

Das Patriarchat ist zu Ende
Es ist passiert – nicht aus Zufall
(Das rote Sottosopra)
Hrsg. von Libreria delle donne di Milano
In der Übersetzung von Traudel Sattler
ISBN 3-922499-28-7, Zweisprachige Ausgabe

frauen-lehren
(mit: Das Grüne Sottosopra)
Von Gisela Jürgens und Angelika Dickmann
ISBN 3-922499-25-2

Der weibliche Faden –
Geschichte weitergereicht
Von Birgitta M. Schulte
ISBN 3-922499-23-6

papalaku – Indische Baby-Massage
Von Shakunthala Chenchanna
ISBN 3-922499-27-9

frauen-begehren
Frauenbildung an der Volkshochschule
Hrsg. von Iris Bergmiller, vhs Rüsselsheim
ISBN 3-922499-22-8

Die Trödelprinzessin Zilly Zeitlos
Ein modernes Märchen für
Kinder und Erwachsene
Von Katharina Müller-Butzbach
Mit Illustrationen von Faran Arani
ISBN 3-922499-26-0

Auf den Spuren der Göttin
Textsammlung I - IV im Schuber
Hrsg. von die insel Marl / vhs Marl
ISBN 3-922499-21-X

frauen-art 18 Künstlerinnen im Frauenzentrum Rüsselsheim
Hrsg. von Frauenzentrum Rüsselsheim
ISBN 3-922499-20-1